復刻版

# 山田方谷の教育活動と其精神の研究

田中 完 著

田中完著書復刻刊行会 発行

発売
大学教育出版

# 復刻版刊行にあたって

このたび、おかげさまで、アジア太平洋戦争直前に書かれた亡父・田中完（一九〇〇〜一九四五年）『山田方谷の教育活動と其精神の研究』（一九四〇年）を復刻する運びになりました。

すでに、山田方谷研究会編『山田方谷の研究2』（山田方谷研究会発行）のなかで、その概要を述べているように、この論文が存在することは、当時の県教育長から昭和四四年頃「論文を書いている」ということを聞いたことがあり、また、母親（一九〇五〜二〇〇九年）からも、平成一五年頃「お父ちゃんは、山田方谷のことを研究していた。準という名前は、いい人（山田方谷の三代目の義孫・山田準氏）からもらった」とか、聞いたことがあるが、多分、先のアジア太平洋戦争による岡山市の大空襲（一九四五年六月二九日）で、焼失したものと思っていた。

しかしながら、片山純一氏（近代史、山田方谷研究に造詣が深く、多くの論文や著書がある）から、母親の生誕一〇〇年を迎えた二〇〇五年頃に、亡父の同論文の複写を送付して頂きまして、一読するうちに間違いなくその写しであることが判明した。当時の厳しい政治・社会情勢、すなわち富国強兵、国家総動員体制、言論統制、物資不足、食糧難、過重労働や子育てなど重なるなかで、当時の岡山縣教育会でも、「郷土の偉人・逸材」を求めていたことに対して、読書や研究好きの亡父は、同じ備中松山藩（現高梁市）の出身であることから、好機到来ととらえ、政治批判は避けながらも、山田方谷の大陸経営策、実践を伴った教育活動とその精神論について執筆した。本書では、藩政改革のために、武士や農民らに求めた節倹政策、朱子学の「中庸」思想の影響を受けたと思われる教育の「中を執り正に嚮《きょ》ふという態度」（即ち「教育の

中立性」）が書かれているし、私塾、郷学、藩学の教育・教授を通じて和・漢・洋の学問を紹介している。（二）

また、本書では山田方谷が備中松山藩の財政難の状況を借主に誠実に説明（情報公開）して、中期・長期間の借金返済をし、彼による藩札刷新や財政改革、産業振興（地場産業、生産、加工、販売・六次産業等）の奨励、災害に備えた貧民対策（備蓄策）なども書かれている。

残念ながら、亡父は県視学として、全国青少年大会での東京出張中、大空襲の際に急性肺炎により他界した。「仕事が残り残念だ」と言いながら一九四五年三月一一日のことで、四四歳であった。

そして、岡山大空襲前に、養子先の田舎で、災難を逃れた蔵書（ルソー「民約論」・「エミイル」『世界大思想全集7・10』、デューイ「民主主義と教育」『世界大思想全集49』、『マルクス・エンゲルス全集①』、ビクトル・ユーゴ『レ・ミゼラブル12・13・14 世界文学全集』等）が見つかり、亡父は日本救世軍創設者の山室軍平（叔父）の影響によるクリスチャンでありながらも、山田方谷の教育活動の論説や実践に理想の偉人を見いだしていた。

現代は、グローバル下の大競争時代、高度情報化社会、地方自治の時代とか知識社会と呼ばれるなか、厳しい政治、行政、財政、経済、教育、地域文化等において、とりわけ、山田方谷先生が、晩年に明治政府の要人要請を断り、教育を生死一如（遺言）のつもりで先進的な役割をはたしたことは、今日の教育委員会制度、教科書検定制度、教職員の多忙化、病気、過剰労働、過労死、生徒・学生の受験競争、効率主義、政治と経済・教育との関係等〝影の部分〟においても、問題提起あるいは反面教師になるのではないか。いまさらながら驚きとともに、思わず目頭が熱く、万感胸に迫るものがある。

このように、からくも戦火を逃れた同論文は、岡山県立図書館の蔵書の中に見つかったが、酸性紙であり、発行後七〇年以上経っているため、茶褐色に変色しおり、閲覧できるのもあとわずかと思われた。

そこで、複写許可を頂き、大学教育出版より中性紙の本として復刻を決意した。貴重といわれる「歴史の空白」を埋め合わせ、後世の参考資料として伝えていきたいものである。ぜひ、忘れられた同論文を一読していただければ、望外の幸せであり、山田方谷先生や亡父もさぞかし、満面の笑顔をうかべるであろう。

山田方谷研究会会員

田　中　準

二〇一四年　六月　吉日

# 山田方谷の教育活動と其精神の研究　目次

参考附録　一一五

# 緒言

〃教育縣岡山を築きし人々の事業と其の精神〃に就て小研究を發表したのは數年前のことである。それは岡山縣師範學校附屬小學校の研究會に於て愚見を發表して江湖の批判を仰いだのであるが該研究は本縣教育發達の爲貢獻した人々に就て必ずしも一人一人に詳細な解説と見解を披瀝したものではなかつた。然しながら多少ながら教育史に興味をもつてゐる私の念願として本縣教育に史的考察を加へ、聊かなりとも〃教育縣岡山〃の由來と特質を探り、採長補短、とつて以て本縣教育の發展に資したいといふ考えは永年私の腦裡を去らないところのものである。從つて其後も本研究に出來るだけの努力を注くやうにつとめてはゐるが文献が容易に手に入らなかつたり、轉任のこともあつたりして意に委せぬことも多く牛歩の感を免かれない狀態にあつたのである。所が、今度縣當局が幕末に於ける鄉土偉人の研究を奬勵せられるといふことを聞いて私は本縣教育界の爲に非常に歡ぶと共に私自身の研究の上に好機來れりと喜んだのである。然しながら縣の方針は鄉土偉人を幕末に極限して其の勞作を募集して居られるので、その對象人物を誰に決定しようかと色々考えたのであるが左記に掲げるやうな理由によつて結局私は幕末の偉材（教育家群）の中から山田方谷先生を選び出して之に教育史的研究を加へて見ようと決意し、事務多端の中に背水の陣を布くことにしたのである。

私が幕末鄉土偉人の中から山田方谷先生を特に教育家として研究の對象にした理由はどこにあるかといふに

第一は方谷先生の教育的信念の並大抵でない点に强く感銘したからである。それは嘗て或知人から「方谷先生は教育に對する態度がまことに眞劍で、私の毎日の講義はそのまゝそれが遺言である……と話してゐられたさうである」といふ逸話を聞いて之あるかな。之こそまことの教育者である。山田方谷先生が儒學者であり、私塾も經營した師匠であり、藩學の學頭までした点は大体知つてはゐたがこの言を聞いて教育者としての方谷先生が並ならぬ偉材であることを知り、この逸話は果して眞實であるか、その原據はどこにあるか、どこからさうした信念が出てゐるのであるか、それが私をして方谷先生を教育家として研究して見たいと思つた最も重要な動機であつたのである。是非一度は深くその教育事業なり教育精神なりを調べてその不滅の人格に觸れたいと痛感するに至つたからである。

第二は幕末の學者は殆ど教育家であり、政治論者、政治運動者で、學問と教育とが密接に關聯を持ち、政治と教育とが結合して、幕末維新前後の教育形態をなしてゐたのではあるまいかと私は觀じてゐるが、方谷先生の業績もその精神も矢張りさうした時代の形態をもつてゐるのではなからうか……私の研究慾はそこに一つの念願を持つに至つたのである。

第三は方谷先生活動の中心地が備中北部で且松山藩であつて筆者にとつては岡山縣内にあるは勿論、最も親近な郷里に當り、私の郷里（阿哲郡本郷村）は松山藩の治下に屬し、筆者の生家からは高梁町へ余り遠くもなし、備北の天地が過去に於て如何なる教育教化の光を受けてゐたかを知りたいといふ希望にも基くのである。

第四は前述の通り縣教育史の研究の一過程として是非一應解れて置き度いといふ氣持からで、方谷先生一代の教育活動なり教育業蹟なりを十分調査し、日本教育史乃至は郷土、岡山縣教育史に占めるその位置を明かにしてをく必要があると思つたからである。

本研究を成すに當り多くの方々から種々の便宜と厚意を與えられたことに對し、深甚の謝意を表する次第であります。特に方谷先生の御孫に當る山田準先生からは數点貴重なる資料の御貸與の便を與えられ本研究の上に少なからぬ根據を見出すことが出來たことに對し深くお禮申上げます。

なほ本研究に利用した參考文献を左に掲げる。

1、方谷先生年譜　岡山縣内務部發行　（山田準氏編述）
2、哲人　山田方谷　（三島　復著）
3、方谷遺稿（上、中、下三卷）（三島　毅編）
4、日本教育史資料　（文　部　省）

5、魚水實錄（上、下）（國分胤五）
6、方谷先生逸話（原　稿）（谷　資　敬氏）
7、岡山縣敎育史（上卷）（岡山縣敎育會）
8、師門問辨錄（岡　本　巍）
9、孟子養氣章或問圖解（山田球著・岡本巍校）
10、孔門學流極致之標的及初學入手之端的釋義（谷川　達　海）
11、方谷山田先生遺墨集（芳賀寫眞館）
12、方谷先生門下姓名錄（山　田　準氏）
13、日本庶民敎育史（石　川　謙氏）
14、岡山縣通史（永山卯三郎氏）
15、方谷先生隨筆其他數点（原稿寫）（山田　準氏藏）
16、集義和書類抄（上下）（岡　本　巍校）
17、閑谷黌史
18、敎育學辭典（岩波　書　店）
19、上房郡誌
20、山田方谷（伊　吹　岩五郎）
21、其他十數点

雑誌、軸物、辭書

# 山田方谷の教育活動と其精神の研究

後月郡芳井國民學校　田中完

## 第一章　山田方谷活動の時代的背景

方谷先生（以下敬稱省略）は畧傳にも示すやうに文化二年二月二十一日備中阿賀郡西方村（現在上房郡）に生れ明治十年阿哲郡小阪部に逝くまで七十三ヶ年の生涯を各地に努力奮闘したのであるから其活動時代は當に幕末から明治初年へ跨がつてゐるのである。

文化二年と云へば天皇は光格天皇、將軍は家齊、幕府は蝦夷地警戒に眼を光らせつゝあつた頃で露使レザノツトが仙台の漂民を送り交易を求めた翌年に當り英船の長崎奉行事件に先だつ三年前のことだ。之を教育史的に見ればペスタロッチがイツエルデンに赴いた年であつて又彼の獨逸に於ける社會教育の偉人フオン・ロツヒヨウの歿した年である。我國に於ては庶民教化の偉人にして本縣に於て其名を成せし我が早川代官（正紀）の永眠せし三年前に相當する。而してその誕生期は第二の元祿とも云ふべき所謂文化文政期であつて方谷は波瀾万丈の幕末の風雲裡に英主松山藩主を援けて小さくは一藩の政治經濟教育にその手腕と信念を振ひ、大きくは中央幕府の政務に間接參劃してその卓見を披瀝し、日本政治史上の一大躍進期たる維新を乘切つて遂に明治十年その最後を見るまで實にその活動は意義深いものがある。而して方谷永眠の明治十年といへばかの征韓論に官職をなげ出して後遂に子弟におされて兵を九州に擧ぐるに至つた西郷南州の西南の役のあつた年で學制頒布の年からは已に五年を經過した年である。之を時代的に眺めるならば七十三ヶ年の生涯は文化、文政、天保、弘化、嘉永、安政、萬延、文久元治、慶應、明治といふ十一個の年號を結んでその尊い生命線が引かれる譯である。

徳川二百六十余年の封建社會組織が其の核心を揺がしやがて亀裂を生じ、遂に瓦解するに至つた。その基因には幾つかの大きな條件を擧げることが出來る。中にも學問、教育の興隆に基いて國体の尊嚴性が明徴にされ、且、學問研究の態度が單に博學窮理、温良篤實の領域に沈潜して腐儒となり迂愚となるの譏りから脱却し、知行合一、短刀直入、事上磨練の境地に身を置いて活潑に地の事功を立てんとするの傾向を持つてきたからであると私は見るのである。即單なる知識主義、理論主義の學問から實踐主義、行動主義の學問へ漸次轉換し、遂にその鋭鋒を社會組織の矛盾に向けて突撃するに至つて徳川幕府は遂にその最後をとぐるに至つてゐるのである。この点に日本に於ける王學研究の發達が重要な役割を如何に演じてゐたかといふことは幕府衰運時代の歴史を繙けば容易に肯定出來るのである。同じく官學たる朱子學を身に体したるものと雖も幕末の空氣は單に學問の爲に學問を究めるが如き態度は許されない事情にあつたからそれが學派、階級、位置の如何を問はず勇敢に現實の問題にぶつかつて之を處斷せねばならなかつたのである。いはんや王學に身を修めたる人士が幕末多端の世相に立つて如何にその身を處したかは言はずもがなである。松陰を見よ。南洲を見よ。小楠を見よ。紫灘を見よ。龍雄を見よ。更に海舟を見よ。時代轉換期に於ける之等の偉材の持つ學的背景が實践的であることは深い意義のあることである。王政維新がかゝる人々によつて成し遂げられたことは世間周知のことであるが、かうした時代に生れ、かうした人々と相前後して活躍し、かうした時代の人人と相交はり、或時は京師にあり、或時は江戸にあり、或時は郷藩備中高梁にあり、藩主を援けて藩政に參與し又は幕政に參劃してその名を竹帛に垂れるに至つた方谷先生が如何なる生活行動をとり如何なる思想背景に立たれた人であるか、自らそこに之等の偉材と共通せるものゝあることを察知し得られるのである。

# 第二章　山田方谷活動の教育關係年譜

| 年次 | 年齢 | |
|---|---|---|
| 文化二、乙丑 | 1 | 二月二十一日山田方谷　備中阿賀郡西方村（現在上房郡）ニ生ル。幼名ハ阿璘、通稱安五郎、諱ハ球、字ハ琳卿、方谷ハ其號ナリ |
| | | 此年廣瀬淡窓咸宜園ヲ豊後ニ創設ス |
| 文化五、戊辰 | 4 | 母堂ヨク愛撫、毎日字ヲ敎フ、額字ヲ書シ作州木山神社ニ納ム |
| 文化六、己巳 | 5 | 始メテ新見藩儒丸川松隱ノ門ニ學ブ |
| | | 此年間宮林藏韃靼ヲ探檢ス。プロイセン政府多クノ敎師ヲイヴエルドンニ送リペスタロツチノ敎育方法ヲ學バシム |
| 文化七、庚午 | 6 | 新見侯關備前守　先生ヲ召シ字ヲ坐前ニ揮ハシム |
| 仝一〇、癸酉 | 9 | 松隱門下ニ在リテ神童ノ稱アリ、嘗テ客アリ問フテ曰フ、阿兒學問シテ何事ヲカナスト應ヘテ曰ク「治國平天下」ト客驚嘆ス |
| 仝一四、丁丑 | 13 | 詩アリ、諸葛武侯ノ圖ニ題ス（憶昔襄陽三顧時……） |
| 文政元、戊寅 | 14 | 母堂西谷氏歿ス、歿前旬餘歸宅看病セントス、母堂促シテ師家ニ就カシメントセラレシニ別ヲ告ゲテ悌泣セルヲ叱シテ之ヲ去ラシム、病急ナルニ及ビ深夜馳セ還レバ已ニ及バズ。繼母西谷氏來歸ス（實母ハ小阪部村西谷信敏ノ女　かぢ　繼母ハ菅生村西谷信一郎ノ女　近） |
| | | 此年述懷ノ作アリ松隱翁ニ示ス。翁「陽氣發處金石亦透、精神一到何不成」ノ十六字ヲ書シテ之ヲ奬勵ス |
| 文政二、己卯 | 15 | 父、公懿君病歿、訓誡十二條ヲ先生ニ遺ス |
| 仝　三、庚辰 | 16 | 公懿君ノ遺書ニ從ヒ家貲三分、先生ハ專ラ學業ニ從事スルコトヽナリシモ弟辰藏多病ノ爲、先生姑ク家ヲ襲グ |
| 仝　四、辛巳 | 17 | 新見藩士ノ女若原氏ノ女（十六才）ヲ娶ル |

仝　五、壬午　18 日夜家業ニ勵ミ餘暇アレバ誦讀ス
此年阪谷朗盧、川上郡ニ生ル。久世典學館上房郡呰部ニ移サル

仝　六、癸未　19 先生頗ル家業ニ通ジ日ニ斗衡ヲ操リ市兒牙儈ト交ル、蓋シ後年一藩財政ヲ司リ姦商ノ欺謾ヲ受ケザリシハ此ニ因ル

仝　八、乙酉　21 篤學ノ名高ク十二月松山藩主板倉寛隆公之ヲ聞キ二人扶持ヲ給シ學問所ヘ罷出申附ケラル（學問所即有終館ナリ）
此年、幕府、外國船打拂令ヲ頒ツ

仝一〇、丁亥　23 京都ニ遊ビ寺島白鹿翁ノ門ニ學ブ。又京ニ在リテ屢々蘭溪禪師ト唱和ス歲末歸國ス
此年大槻玄澤菅茶山歿ス。賴山陽ソノ著日本外史ヲ松平定信ニ呈ス、佐藤信淵「經濟要錄」ヲ著ス

仝一二、己丑　25 三月再ビ入京白鹿門下ニ學ブ、又射ヲ學ブ、冬歸國ス
十二月二十三日板倉侯ヨリ始メテ苗字帶刀ヲ許サレ二十八日召出サレテ八人扶持ヲ給シ中小性格ニ上リ有終館會頭ヲ命ゼラル
（時ニ奥田蕉藏『樂山』有終館學頭タリ。中井履軒ノ門人ナリ）

天保元、庚寅　26 六月邸ヲ城下本丁ニ賜フ。十二月有終館會頭ヲ罷ム。隨筆三十余條アリ
此年川田甕江、三島中洲生ル

仝　二、辛卯　27 二月十日先生鄕里西方ニ在リ、藩城賜第火災一切烏有ニ歸ス、有終館又罹災、之ヲ中之丁ニ移シテ再興ス、
八月四日丸川松隱歿ス。是歲三度京師ニ遊ブ

仝　三、壬辰　28 京師ニ在リ、鈴木棟（還音又撫泉ト号ス）ノ門下ニ出入シ、馬木濫（号南城）富松畏命（号萬山）春日仲襄（号潛庵）相馬肇（号九方）等ト往來講學ニ資ス。時事感ズルアリ、擬對策二千餘言ヲ草ス

此年頼山陽歿ス（九月）

天保四、癸巳　29 十二月東行、江戸ニ入リ藩邸ニ留ル。鹽谷岩陰、藤森大雅、林長孺ト交ハル。此年大鹽中齋洗心洞劄記ヲ著ス

仝　五、甲午　30 二月、贄ヲ佐藤一齋翁ニ執リ其ノ門下ニ寓ス。若山拯（勿堂）河田興（廸齋）ト交ル

仝　六、乙未　31 一齋門下ニ從學セル佐久間象山ト經世ノ術ヲ談論ス

此年備中倉敷ニ鄕學明倫館設立、心學講舍自省舍倉敷ニ設立サル

仝　七、丙申　32 歳末歸藩ス

仝　八、丁酉　33 有終館學頭ヲ命ゼラル。二月大阪ニ大鹽平八郎ノ亂アリ

仝　九、戊戌　34 家塾（牛麓塾）ヲ開キ藩學教授ノ傍ラ子弟ヲ導ク、來學者常ニ數十人ニ及ブ。此時舊師寺島氏ノ子義一亦在塾セリ

此年渡邊華山「愼機論」ヲ著シ、高野長英「夢物語」ヲ著ス

仝一〇、己亥　35 一月璉卿君配西谷氏男ヲ擧グ。幼字英太郎、諱ハ明遠、字ハ深卿、通稱ハ耕藏
春、城下火災、有終館再ビ炎上、再築、絃誦ノ聲再ビ興ル

仝一一、庚子　36 木村豐（山田準氏ノ生父）藩地ニ歸住シ有終館句讀師ヲ命ゼラル。年二十五、餘暇先生ニ從ツテ經史ヲ修ム（居ルコト十年江戸ニ召サレ御供番ヨリ吟味役學問所會頭ニ陞リ安政末再ビ歸住有終館會頭、武具方、文武目附ヲ經テ明治二年歿ス）

仝一三、壬寅　38 藩主寛隆公子ナク桑名藩主松平定永第八子ヲ養フテ世子トス。世子諱ハ勝靜、庫山ト号ス、晩年松叟ト号ス
樂翁公ノ孫ニ當ル

仝一四、己卯　39 五月、寛隆公ニ上言二事ヲ陳ブ（御養生ノ事、御決斷ノ事）
八月、三島中洲始メテ先生ニ就イテ學ブ（年十四）西毅一岡山ニ生ル

弘化元、甲辰　40世子封ニ就キ文武ヲ督勵ス
仝　三、丙午　42御近習ヲ兼ヌ
仝　四、丁未　43四月津山藩ニ遊ビ藩士天野某（高島四郎太夫ノ門弟）ニ就テ砲術銃陣ノ大要ヲ傳習シ夜ハ有志ノ爲古本大學ヲ講ズ。月餘ニシテ歸リ直ニ二砲ヲ製シテ藩士ニ傳授シ藩ノ軍政改革ニ着手ス。先生又庭瀬藩老渡邊信義ニ火砲ノ術ヲ問フ。九月郷里ニ在リ
嘉永二、己酉　45四月寛隆公致仕シ八月病ミテ江戸藩邸ニ卒ス。世子庫山公藩封五万石ヲ襲グ。十一月先生江戸ニ召サレ十二月三日藩邸ニ入ル
十二月九日元締（會計長官、雅名ハ度支）ヲ命ゼラレ吟味役（會計吏ニシテ元締ノ副職）ヲ兼ネシメラル。
十一月廿七日璉卿君歿ス、享年三十六、松山村定林寺ニ葬ル
仝　三、庚戌　46鋭意藩財政建直シニ力ヲ注グ。八月庫山公歸國、先生時弊十二條ヲ縷陳ス。紙幣整理、鉄、銅山ノ採掘、杉竹漆ノ新植、煙草、陶器等產業開發ニ努ム。負債大整理ヲ行フ。繼母西谷氏歿ス、壽七十、定林寺ニ葬ル
仝　四、辛亥　47公、文學ヲ一藩ニ奬勵ス、藩財政收支ノ大計ヲ献ズ
脇田全三（号琢所）醫ヨリ出デ江戸藩邸學問所會頭ヲ命ゼラル
仝　五、壬子　48命ニヨリ郡奉行ヲ兼ヌ。私謁ノ宿弊ヲ改メ盜賊掛ヲ置キ探索ヲ嚴ニシ、賭博ヲ禁ズ。修奢ヲ戒メ貯倉ヲ四十餘所設置ス
里、正隊ヲ編制シ銃劍ノ二技ヲ學ハシメ帶刀ヲ許シ農兵制度ノ基ヲ建ツ。次テ封内獵夫及壯丁ヲ聚メテ銃隊ヲ編成シ里正ニ敎導セシメテ西洋銃陣ヲ習錬セシム
文學奬勵　市區……鍛冶町ニ敎諭所
地方……賀陽郡野山ニ學問所

玉島、及八田部（賀陽郡）ニ教諭所ヲ設ク
三島中洲翁伊勢ニ遊ビ齋藤正課（号拙堂）ニ従學ス、於此、就職以來三島中洲翁ヲシテ家塾子弟ノ教授ヲ代理セシメシガ翁去リ書生離散ス

仝　六、癸丑　49 公屢々手書ヲ下シ或ハ老臣ニ命ジ文武ヲ奬勵ス
米使ペリー來航、和戰ノ論喧シ。ナホ此年備中西江原、一橋領ニ郷學興讓館設立セラル

安政元、甲寅　50 中洲翁津藩ニ遊學ス、時事ヲ憂慮シ江戸ニ下リ、神奈川ニ米使應接ノ狀ヲ窺ヒ三月津ニ歸リ探邊日錄ヲ著シテ先生ニ寄示ス
露艦大阪灣ニ入ル。藩命ニヨリ備中沿岸ヲ巡視シ營壘ノ地ヲ相ス
此年公、津山藩士植原六郎左衛門ヲ聘シ水泳術（神傳流）ヲ藩士ニ傳習セシム、藩士辻卷（ナガレン堂）ニ水泳場ヲ開キ六十歲以下皆受講ス

仝　二、乙卯　51 武術ヲ奬勵ス。江戸大地震アリ、先生召サレテ東行ス。十一月歸國ス。松山ニ教諭所ヲ設立ス

仝　三、丙辰　52 公、寺社奉行ヲ兼ネ幕政ニ參與ス。先生上書十ケ條公ノ藩政弛懈ノ憂ニ答フ。三浦泰一郎（佛巖）ヲ奉行役ニ服部陽輔（犀溪）ヲ奉行見習ニ推擧シテ前後施設ヲナス。九月藩士數名、武者修業ノ途ニ上ル
此年、進昌一郎、有終館學頭ヲ命ゼラル

仝　四、丁巳　53 先生元締ヲ罷ム（大石隼雄之ニ代ル）（嘉永癸丑ノ旱害以來、地震、米價暴落等頻リニ災厄アリ殊ニ公寺社奉行ニ上リ費途益々多キヲ致セルモ略ボ十万金ノ借債ヲ償却シ後更ニ十万ノ餘財ヲミルニ至ル）
此年三島中洲翁先生ノ勸ニヨリ藩ニ仕ヘ學資三人扶持ヲ受ク、川田剛（甕江）又來リ仕フ

仝　五、戊午　54 野山（藩城ノ西數里）ノ要害ヲ視察ス。公、寺社奉行ヲ免ゼラル
林富太郎（号抑齋）有終館會頭トナル。此年長州藩士久坂通武（玄瑞）來遊ス。先生偶洋法操練ヲ演ズ、玄

瑞大ニ驚キ謁ヲ執リ兵事ヲ叩テ去ル。時ニ長藩未ダ洋法ヲ演ズルニ及バズト云フ

仝　六、己未　55 家ヲ西方村長瀬ノ里ニ移ス。此地藩城ノ北三里、高梁川ノ左岸ニアリ頗ル幽趣アリ。城下ニハ官舍ヲ賜ヒ、暇アレバ歸宅シ僮奴ヲ督シテ荒蕪ヲ開ク、邸隅ニ草菴ヲ營ミ無量壽菴ト云フ、多クコヽニ起臥ス

長岡藩士河合繼之助來遊ス。三島中洲翁昌平校ヨリ歸リ新ニ祿五十石ヲ賜ヒ有終館會頭ヲ命ゼラル

萬延元、庚申　56 家計出納總テ之ヲ藩士鹽田仁兵衞ニ委ネ清貧ニ安ズ。四月嗣子深卿君東遊ス（深卿君ハ先生ノ姪ニシテ養子ナリ）三島中洲翁請フテ再ビ昌平校ニ遊ブ。十月大石隼雄元締ヲ罷メ先生再ビ起チテ元締ヲ兼ヌ、十一月公歸藩ス

此年三月櫻田門外ノ變アリ

文久元、辛酉　57 幕命ニヨリ公再ビ寺社奉行トナリ江戸ニ上リ先生微恙アリシモ東行顧問ニ備ハル。江戸城ヲ觀ル。三月途上ニ咯血ス。四月病勢衰ヘ請フテ歸國ス。五月病ノ爲元締ヲ罷メ辻七郎左衞門元締トナリ進昌一郎、神戸一郎吟味役ヲ命ゼラル。先生尙御勝手掛ヲ命ゼラレ一藩財權終ニ手ヲ離レズ

八月神戸一郎先生ノ病ヲ長瀬ニ問フ、先生理財ヲ論ジ、學校ノ政ニ及ビ遂ニ俗牘一篇ヲ作ル。辻七郎左衞門元締ヲ進昌一郎吟味役ヲ罷メ神戸一郎吟味役トナリ元締ノ事ヲ行フ、神戸一郎後亦吟味役ヲ罷ム

此年、明遠君ニ書ヲ寄セ修業心得五條ヲ授ク

先生兵ヲ清國ニ用フルノ議ヲ上ル

仝　二、壬戌　58 三月公老中トナリ外國事務ヲ管ス。於是再ビ先生ヲ江戸ニ召ス。病頗ル癒エ命ヲ拜シテ東行ス。告諭書二千餘言ヲ作ル

先生致仕ヲ許サレ、家祿ヲ嗣子（深卿）ニ賜ヒ先生ニハ別隱居扶持ヲ賜フ

先生顧問ニアルヤ人材ヲ求メテ公ニ獻ジ斥邪冥助ノ功少カラズ藤森大雅ノ冤ヲ雪ギ江戸ニ歸住セシメ大橋順

藏ヲ獄中ヨリ出シ頼三樹三郎ノ倒碑ヲ再立セシメ水藩正義黨ノ屍ヲ埋葬セシムル等世人ノ知ラザルモノ多シ
冬、川田剛ノ建議ヲ容レ洋製軍艦ヲ購ヒ玉島港ニ繋グ。(快風丸トイフ)

仝　三、癸亥　59 二月先生歸國ヲ許サル、三月歸國ス。去年ノ東行以來刺客狙フ所トナリシガ既ニ歸國、近親無事ヲ賀ス。
四月又召サレテ京都ニ上ル、六月許サレテ歸國ス
京ニ在ルヤ浪士天誅組ノ狙フ所トナリシガ危害幸ニ及バズ。歸臥靜養時事ヲ聽クヲ厭ヒ復タ藩城ニ到ラズ

元治元、甲子　60 公老中ヲ罷ム(六月)七月征長令下リ公ニ山陽道先鋒ヲ命ズ。十月公歸國シ十一月三日藩士ノ大半ヲ率キテ廣島ニ向フ。因テ先生ヲ起シ采配及下知狀ヲ賜ヒ留守ノ全權ヲ委任ス、先生乃チ曾テ編成セシ郷兵千三百餘人ヲ部署シ封境ノ守備ニ充ツ。深卿君此役ニ從軍ス、先生戰陣ノ說ヲ作ツテ贈ル
是歲進昌一郎撫育總裁ニ轉ジ農兵頭隣好方ヲ兼ヌ(後再ビ學頭ニ復シ洋學總裁及町奉行ヲ兼ヌ)

應慶元、乙丑　61 二月公廣島ヨリ凱旋ス。先生留守ノ任ヲ解キ長瀨ニ退ク、閏五月長州再討令出ヅ。氣勢上ラズ、十月公再ビ老中ヲ命ゼラル。幕議佛國ノ援助ヲ獲テ長藩討伐ノ意アリシモ公之ヲ排シ內國ノ事外人ニ依賴スベカラズトナス。十一月幕府財用ニ就キ先生建議ス。又和親決定後ハ外遠略ヲ圖リ、內諸家ノ弊ヲ救ヒ武備ヲ修メ、北海ノ軍備、朝鮮山丹トノ貿易、清滿ト交易ヲ結ビ應ゼズバ滿洲攻略スベキヲ獻言ス。又航海通商ノ擴張ヲ上言ス
(此年福澤諭吉慶應義塾ヲ開設ス)

仝　二、丙寅　62 四月長藩亡命ノ徒百餘人備中倉敷幕府代官所襲撃、轉ジテ井山村寶福寺ニ據ルト飛報頻ニ至ル。先生病ヲ力メテ藩ニ至リ藩論ヲマトメ本道及野山口ノ二道ヲ定メテ之ニ當ラントテ先生ハ一隊ヲ率キ野山口ニ向フ。賊寶福寺ヲ出デ淺尾藩ヲ襲ヒテ南走ス、本道ノ兵追擊遂ニ及バズ。先生深ク之ヲ憾ム。八月公密書ヲ先生ニ送リ將軍ノ大故ヲ報ジ長藩存置ニツキ意見ヲ陳ベシム、先生三策四千餘言ヲ列陳ス。十二月　孝明天皇崩ズ

仝　三、丁卯　63 正月　明治天皇踐祚ス。五月公幕府會計總裁トナル。六月公時艱ヲ憂ヒ先生ヲ召ス。先生召ニ應ジ公ニ京阪

ノ間ニ従ヒ屢々諸問ニ對フ。是月先生西周ト政法軍事ヲ談ズ。七月許サレテ歸國。八月妣西谷氏ノ碑ヲ先塋ニ建ツ。九月洋制ヲ參酌文武諸制ヲ釐革ス。三島中洲翁奉行格ニ陞リ洋學總裁ヲ兼ヌ。十月將軍大政ヲ奉還ス。十二月公密書ヲ先生ニ下シ德川氏善後策ヲ問フ。先生意見數十條ヲ獻ジ朱墨分書シ、朱ニ出ヅレバ禍亂至リ墨ニ出ツレバ德川氏無事ナルベキヲ陳ブ。尙採否ヲ慮リ藩士神戸謙次郎、吉田謙藏ニ大意ヲ授ケテ上阪セシム

明治元、戊辰 64 正月鳥羽伏見ノ戰アリ、公將軍ニ從ヒ大阪ヨリ海路江戸ニ遁ル。先生報ヲ獲テ藩城ニ至リ重臣諸士ト大義ヲ辨ジ順逆ヲ說キ囂々ノ徒ヲ制ス。鎭撫使岡山藩老伊木若狹、朝旨ヲ奉ジ藩兵ヲ率キ來リテ罪ヲ問フ。恭順ノ意ヲ致シ鎭撫使ニ對シテ善處ス（謝罪書ノ件、熊田恰自決ノ件）

先生重臣ト主家再興ノ方略ヲ議シ次テ長瀨ニ退ク

公日光、今市、會津、日川、仙台ニ流遇、後ニハ箱館ニ在リ、歲尾其事藩ニ聞エ乃チ藩士數名ヲ遣リ微行外艦ニ駕シ迎還ノ計ヲ爲ヌ

仝 二、己巳 65 二月世子勝全君出デテ江戸ニ自首ス。蓋シ先ニ公ト相失シ姑ク駿河沼津ニ潛ム

四月藩士數人公ニ箱館ニ謁シ迎還ヲ謀ル、諸將異議アリ榎本武揚獨之ヲ贊シ公乃チ江戸ニ歸リ自首ス。八月朝廷公父子ヲ安中藩邸ニ禁錮シ泰山公ニ先封五分ノ二ヲ賜ヒ先祀ヲ承ケシム。九月鎭撫使始テ城中ノ守備ヲ撤ス。十月松山ヲ高梁ト改稱ス。朝廷泰山公ヲ高梁藩知事ニ任ジ二萬石ノ地ヲ管シ廩米二千石ヲ賜フ。公政務ノ暇屢々先生ノ草廬ヲ叩キ經義及政務ヲ問ヒ弟子ノ禮ヲ執ル

先生世事ヲ聞クヲ厭ヒ專ラ後進ヲ敎育シ國家他日ノ用ニ供セント欲シ塾舍數棟ヲ宅傍ニ造リ子弟ヲ敎フ（長瀨塾トイフハ是ナリ）

從遊ノ士全國的ニ集リ塾舍忽チ滿ツ。先生乃チ學規五條ヲ揭ゲテ子弟ヲ戒ム

明治三、庚午 66 二月黍山公變故以來ノ諸士ニ賞典ヲ賜フ。先生ニ三人扶持、深卿君ニ金二千匹ヲ賜フ。夏先生門下田中生(新見ノ人、後ノ富谷萱)ヲ伴ヒ丸川松隠ノ墓ヲ新見雲居寺ニ拜ス

秋、先生小阪部(刑部)ニ移寓ス。此地先妣西谷氏ノ出デシ處ニシテ二十餘年絶タレタル祀ヲ再興シ先妣ノ靈ヲ慰メント欲スルコト久シク小阪部ノ人亦之ヲ招ク、故ニ此行アリ。門生皆從行ス。新ニ來遊スル者亦頗ル多シ

仝 四、辛未 67 深卿君長瀬田廬ヲ守ル、客臘先生歸リ新正ヲ舊廬ニ迎フ。川田剛東京ヨリ還リ先生ヲ訪フ。八月廢藩置縣ノ令下リ黍山公東京ニ移住ス。十月、勝全君ノ禁錮ヲ解カル(此年七月文部省設置アリ)

仝 五、壬申 68 一月岡山藩士岡本巍、中川横太郎等來リ學校ヲ岡山ヘ興サンコトヲ請フ、先生閑谷學校再興ヲススム。二月朝廷庫山公ノ禁錮ヲ免ズ、六月三島中洲朝廷ノ徵命ヲ蒙リ先生ニ謀ル、先生之ヲ賛ス。十一月津山藩儒大村斐夫來訪ス此年八月「學制」頒布セラル。福澤諭吉「學門のすすめ」第一篇ヲ發刊ス

仝 六、癸酉 69 閑谷學校再興ノ學成リ先生ノ來遊ヲ請フ。二月始メテ先生閑谷ニ遊ブ。在ルコト月餘、爾後春秋両度來遊督學ヲ約シテ還ル

作州ノ門人福田久平亦有志ト謀リ鄕學知本館ヲ其鄕大戶(久米郡吉岡村)ニ設ケ先生ノ來遊ヲ請フ。先生閑谷ノ歸途之ニ赴キ大學ヲ講ズ、爾後閑谷往復ノ途次來遊ヲ約シ久平ニ假塾頭ヲ囑シテ還ル

十月又閑谷ニ遊ビ王說ニ据リ孟氣養氣章ヲ講ズ(其朱說ト異ナリ疑アランヲ恐レ養氣章或問圖解ヲ著シ諸生ニ授ク、コノ書明治三十五年岡本巍上梓ス)

十二月知本館ニ遊ブ。隣邑矢吹正誠山田(北和氣村岡佐所在)ヲ寄附ス、先生諸生ニ業餘開墾セシム。是月小阪部ニ歸ル、諸生ト傳習錄ヲ會讀ス

此年六月征韓論起ル、西郷一派退官ス

明治七、甲戌　70 五月先生閑谷ニ遊ブ、遠近學徒百人ニ及ブ。去ルニ臨ミ棋喩ヲ作リ谷川達海、島村久、岡本三子ニ示ス、歸途知本館ニ遊ブ、舊高梁藩儒服部陽輔ヲ薦メ平時ノ教督ヲ託ス

十月閑谷ニ遊ブ

四月皇師台灣ヲ征ス。清國違言アリ事端大ナラントシ岡本、谷川、島村ノ三子淸國ニ航シ地理狀勢ヲ視察セントス、先生其行ヲ壯トシ七律ヲ贈ル、偶國交復舊、岡本谷川二氏長崎ヨリ還リ島村久獨リ淸國ニ航ス。十二月知本館ニ赴ク、矢吹正誠亦鄕學ヲ其鄕行信（勝南郡北和氣村）ニ設ケ溫知館ト云フ、先生是月二十三日其開校式ニ臨ミ諸生ノ爲論語ヲ講ズ

仝　八、乙亥　71 先生聾ヲ病ム

二月閑谷ニ遊ビ屢蕃山山下ノ草廬ニ留宿ス。先生閑谷學徒ニ冬夏師ナキヲ憂ヘ舊高梁藩儒鎌田博（号玄溪）ヲススメテ教督ヲ托ス

四月松叟公（前ノ庫山公）祖廟ヲ高梁ニ拜ス。先生赴キ謁ス、公次テ先生ヲ長瀨ニ訪ヒ滯留三日ニ及ブ

十月閑谷ニ赴ク。鎌田博事ヲ以テ教督ヲ辭ス、岡本巍等興讓館モ阪田丈平（警軒）ヲ聘セント謀ル。先生書ヲ之ニ托ス、丈平遂ニ一年ヲ約シテ之ニ應ジ興讓館生徒ヲ率ヒテ來校ス

先生歸途知本館ニ赴ク、服部陽輔教督ヲ辭ス、乃莊田霜溪ヲ延イテ後任ヲ托ス

仝　九、丙子　72 二月西谷氏ヲ再興ス。宿志始メテ達ス

七月閑谷ニ遊ブ（閑谷遊、此行ヲ以テ終ル）先生知本館ヲ經テ小阪部ニ還ル、時ニ暑甚シ、諸生ヲ教授スルコト常ノ如シ、九月偶腫疾ニ罹リ手足稍腫ル十一月蓐ニ就キ十二月病勢頗ル進ム。歲暮進昌一郎疾ヲ聞キ來訪ス

仝　一〇丁丑　73 六月二十六日午前八時先生遂ニ逝ク。其ノ易簀ニ瀕スルヤ家人ニ命ジ枕上ヲ酒掃セシメ案上香ヲ焚キ松叟公

曾テ賜ヒシ短刀小銃及王陽明全集ヲ安置セシム。又曾テ公ニ供セシ寢裀ヲ覆ヒ悠然トシテ逝ケリ二十八日遺骸ヲ長瀬ニ迎ヘ、二十九日西方村向山先塋ニ葬ル。會スルモノ千餘人ナリ。(此年西南ノ役アリ)

## 方谷山田先生墓碣銘

明治十年六月二十六日、方谷山田先生病終于備中阿賀郡刑部之寓、嗣子明遠葬諸其鄕西方村先壠之次、訃至東京、我舊松山藩主松叟板倉公痛傷不措、手書山田方谷先生墓七大字、賜明遠、俾表其墓、且命毅曰、先生輔吾釐革藩政、其功勞不忍沒、汝其作銘、毅泣拜曰、毅幼受學于先生、旣長承乏藩吏、前後奉敎者三十年、固將有所紀述以報恩、況今有公命豈可以不文辭哉」、謹按先生諱球、字琳卿、稱安五郎、方谷其號、源姓、山田氏、其先駿河守重英尾張人、元曆中屬源範頼討平氏、以功食于備中二十八村、因移住西方、九世祖諱重記、天正文祿間、九州及朝鮮之役、從毛利氏有戰功、迨毛利氏削封、歸農、曾祖考諱益昌、祖考諱正芳、考諱重美、妣西谷氏」、先生生而聰明、三四歲能作大字、解句讀、八九歲入松陰丸川翁塾、受程朱學、兼屬詩文、老輩莫能及、稱爲神童、有客問曰、兒學問爲何事、先生應聲曰、治國平天下、客驚歎大屬望、成童失怙恃、歸治家務、暇則誦讀弗懈、藩主寬隆公聞之、給二口糧、充學資、尋賜八口糧、班准中扈從、爲藩學會頭、時年二十五、居二年、請遊京師、交寺島鈴木春日諸儒、遂至江戶、受王學于一齋佐藤翁、與佐久間象山、鹽谷宕陰等友、相共研精、凡八年而歸、業大進、賜祿六十石、爲學頭、先生循循敎授、闔藩子弟始嚮學、而遠近生徒亦麕集、家塾恒盈」、弘化元年松叟公以世子監國、使先生侍讀經史、聽其論說、始知可大用矣、先生素好砲術、因命受西洋火技于津山天野氏、傳之藩內、亡幾公襲封、首擢先生、掌度支、革財政當是時、承歷世宿弊、負債山積、入不支出、先生乃內省冗費外諭財主、延償期、至十年、或五十年、同濟危之日、異日緩急彼不復應需、猶孤城失援、奈之何、先生曰、待援守城、城陷援不必來、苟孤立死守、援亦將至、決行不顧、後江戶地震、邸舍頽壞、財主果出金援之、時紙幣濫出、價格大減、先生火其半、乃復原價、更製新幣、貸部民、大殖物產、轉鬻江戶、以充邸費於是貯金倍歲入、兵械殘缺者、盡備具、士祿節減者、皆復舊」、公又使先生兼郡宰、革民政、先生乃絕賄賂、禁奢靡、設鄕校、置貯倉、道路險者拓之、川溝塞者疏之、嚴巡吏、編鄕兵、以戒不虞、行之十年、民富俗變、男皆知字講武、兒女不衣帛簪珠、行旅入境者、不問而知爲我民」、先是公革藩士弊風、知耻、尙儉、專力文武、及演洋陣、購軍艦、皆先生所贊成、衆論喧騰、風刺萃于一身、先生爲不知、而公益任之不疑、衆亦終服、累加祿百石、任參政」、安政中公分置藩士貧者于要害之地、墾田鍊兵、先生亦自請就鄕里、官暇輒親董僮奴、闢荒蕪、蓋其事出于先生建議故率先之也」、當時昌平日久、列國趨奢侈、不知文武爲何事、是以我藩革政之名殊藉藉、四方來觀風者不絕跡、而就先生問理財者最多」、文久元年幕府以公爲寺社奉行、先生扈從如江戶、會患咯血、歸養、亡何公爲老中、召先生、先生力疾東行、備顧問、大將軍特賜謁、公遂以先生准老臣、是時外夷覬覦、大藩跋扈、而幕政憒憒積弊百出、先生欲、輔公有所大釐革、執謁春嶽明山諸公、引接橫井桂諸士、百方周旋、嘗與一幕吏論將軍入朝明君大分、吏非之、先生退而慨歎、終夕不寐、又勸公斥佞邪、援忠良不少然見否運不可復回、遂謝病致仕、公知其不可留、賜刀慰勞而許之、猶命參藩政大議、既而公從大將軍入朝、復召先生、有所詢、賜將軍所賜馬袴寵之、留京五旬而歸、公尋罷職」、元治元年征長之役、公爲先鋒、率軍赴廣島因起先生留守、先生毅然當任、內嚴兵備、外結隣藩、公旣凱旋、再任老中、從大將軍于京師、慶應二年長州逋賊襲倉舖、及淺尾、將侵我封疆、老臣迎先生謀之、先生曰、速討之、乃部署藩兵、諸口並進、先生亦自當一口賊乃遁走」、既而先生應公召、再至京、有所參謀、留月餘、賜短刀還之、四年冬大將軍還政于朝廷、公密書問善後之策、先生曰恭順莫負還政素心、因獻策數事、公嘉納、而衆議沮之、遂致明春伏見之變、獲罪朝廷、是可憾也、居數日、王師來討、而公不在焉、諸士疑其矯詔、欲拒戰先生及老臣不可乃使毅等迎謁鎭撫使、使徵謝罪書、下其草、中有大逆無道四字、先生曰、吾保我公萬無此事、此四字不除吾將伏及、毅等因號泣哀訴、鎭撫使爲動容、乃代以輕舉暴動四字、既而公自出謝罪于東京、朝廷使黍山公承先祀」、松叟公自爲老中至此、東西奔命、不聽藩政者、殆十年、而闔境之民怗然安堵于天下騷擾之間者、實先生在內參輔之力也」、黍山公之任藩也、亦屢諮先生廬、詢民政、嘗歲饑、公撫恤備至、朝廷賜書褒之、蓋亦先生與有力焉」、先生年老益厭世事、使明遠守田廬、身寓于刑部山中、而四方來問業者、率數百人、備前閑谷黌、岡山藩祖芳烈公所創建、廢弛旣久、藩人迎先生再興之、先生歲時往督焉、閑谷與蕃山近、山下有熊澤翁宅阯、衆築小廬、爲先生遊息之所、先生每到此、景慕忘歸」、明治九年冬先生宿痾再發在蓐、會有朝廷再賜爵松叟公之報、欣然起坐曰、百藥療疾、不若聞之之爲快也、荏苒至明年夏、終不愈、將易簀命家人、陳陽明全集、及公所賜短刀、焚香默謝而逝、蓋先生之學得于陽明氏者多、而戀君之情抵死不已、宜矣公之悼惜不措、有碑文之命也」、先生誕于文化二年二月二十一日、得壽七十有三、先配若原氏、生一女、殤、後配吉井氏、無子、因養弟瑾卿子明遠爲嗣、先生既致仕、明遠襲祿、先生別受養老俸、妾某氏、擧一女、嫁矢吹久滿、先亡」、先生爲人廣顙豐偉、英邁有智略、議論多出人意表、而恭遜以行之、忠誠以貫之、故人皆信服、少壯嗜酒、快飮劇談、往往徹曙而止、遂以此致疾、一意攝養、不手杯者二十年、其克性窒欲、篤於實踐、大抵類此」、先生淶博、於書無所不讀、讀必精到深詣、多獨得之說、又邃禪理、其平生投機勇進、見理決行、不執滯于物者、蓋有得于此、其詩文主達意、下筆千言立成、隨而散逸、不復留稿、獨有獻策對問國字稿積將等身、秘不示人、嘗謂毅曰、吾論藩事者多行、而至論天下事、則一不行、他日覩此稿知之、嗚呼先生之道行于一藩如彼若行諸天下、其効果何如哉、銘曰、

蕃山突兀、昔棲大賢、方谷深奥、今之哲人、世異今昔、人則同倫、學宗陸王、志存經濟、備人何幸、共受其惠、惜矣蕃山、末路蹉跌、視諸方谷、于德有缺、吁戲盛哉、終始完全、斯勒遺績、矜式後昆、

受業弟子三島毅撰

毅元欲爲先生作傳附遺稿、而官務鞅掌、不暇操筆、姑錄舊製墓銘以代之、

## 第三章　山田方谷人物の概見

山田方谷が如何なる人物であるか、知友、門人その他方谷を知れる人々の概評を試みに一瞥して見る必要がある。甕江川田剛博士は曰く

「藤樹有道德、無功業。蕃山豐於功嗇於文。一齋能文、而德與功不及焉。先生於三子取長補短、別爲一家。豈非曠世之偉器耶」（方谷遺稿序文）と

川田博士をして藤樹、蕃山、一齋と比肩し、否或はそれ以上にさへ評價せしめてゐるその人材が備北の一角にあつたことの認

識不足を今更ながら恥ぢるのである。

北越の豪傑、河井繼之助は齋藤拙堂、古賀茶溪、佐久間象山に從學した後、方谷の門に來たものであるが彼は云ふ「吾、諸大家に歴事したがその學の如何を知らず、活用事業に至つては方谷先生に若くものがない」と語つてゐるし、林鶴梁は方谷をもつて「今世第一等の人物」となし、鹽谷宕陰は方谷は「藤田東湖の人物に學問を加へたる者」であると述べてゐる。

或は其の業績より推して方谷を「小蕃山」と評し、或は和氣公の再生となすものもあつてその觀方は多少の差異はあるが偉傑であることに異議はない。右に揭げた諸氏の方谷の人物觀にどれだけの妥當性があるかはここでは分析を避けるが若し仔細に方谷の業績を調べその人と爲りを究め、その人格を偲ぶ時、その人物の非凡にして一世の偉材であつたことを感知せずには措かないものがある。

私は最近文部省教學局が刊行した教學叢書第一輯を手にして「春日潜菴　教學」に就て安岡正篤氏が執筆されてゐるのを讀んで居ると西郷南洲を心服せしめ、横井小楠を說得したほどの偉材潜菴が安政大獄の大檢擧の網にかゝつて遂に江戸に檻送され景岳や松陰等と共に斬られる筈であつたが、此時勘定奉行の職に在つた名君板倉勝靜を佐けて居た山田方谷が尊親する道友潜菴の爲竊に極力運動した効果もあつて長押込の判決が下つたのである。然るに潜菴は方谷の斡旋を出獄後五年も經つて始めて知り非常に感激して、友と爲つて恩を賣らぬことは方谷のやうでなければならぬと門人に語つたといふ記事が出て居るのを見て方谷の如何なる人物であるかといふことを時勢と立場と人格等種々な角度からながめてまことに立派な方であることを切實に感銘させられたのである。

方谷は爲政者としても、學者としても、教育家としても實に偉大な人物である。方谷をして今日あらしめば恐らく大藏大臣と文部大臣と內務大臣とを悠々處理して、尚餘猶があるであらう。野にあれば時代に先驅する學校經營者となり、或は衆に先んじて天下を憂うるの警世家となり、社會改善の模範的實踐家ともなるであらう。恐らく常に人の上に立つて社會指導の任に邁進するの偉材である點には誤りがあるまい。

學者、哲人としての方谷については三島復氏の著述が公刊されてゐるやうに方谷の學的教養の高い点に就ては今更駄言を要しない。朱子より王學に入り、更に王學をも出たといはれる程の研究を遂げた人物である。理氣の論に於ては方谷は理氣一元論といふより唯氣論ともいふべき立場に宇宙觀人生觀を進めてゐることは、三島復氏の研究にも山田準氏の研究によつても明かで師門問辨錄開卷第一頁を開くもの丶先づ目を留めるところである。善惡論に鬼神の說に楠公七生說に方谷の學的見解は特色を發揮して遺憾なしである。門人服部兵彌、小阪部にて傳習錄の講義があつた際、或所まで說明し「之以上は余別に說あり他日示す所あらん」と申された由で、此說が世に出たら方谷學といふべきものであらうと兵彌氏が語つてゐたといふ樣な逸話さへ殘つてゐる（別項參照）

教育家としての方谷に就ては余り研究されてゐないが、緖言にも述べたやうな動機から研究を開始してみると方谷の如何に偉大なる教育家であつたかといふことが非常に明かとなり、筆者は一層この偉人を世に紹介せねばならぬ義務を感じて居る。その內容に就てはこ丶では省く。次章以下詳密に一讀批判を仰いでやまぬ次第だ。

爲政者としての方谷に就ては、從來頗る知られ、その識見、技量の優れたる全く驚く程の實績をあげた人である。特にその財政的手腕は寧ろ感嘆に値する。魚水實錄上下二卷を繙いてその書狀に如何に財政記事の多いことか、以てその事業と力点を知るに余りありである。本研究はこの方面の研究に紙面を潰す要がないが、唯その識見の非凡なるに驚いた筆者として左の小研究論文を揭げて參考に資すこと丶する

## 論　文

### 幕末に於ける大陸經營論の先驅、山田方谷

#### 一、序　論

今我が國が國を擧げて支那蔣政權と戰つてゐるが日本民族の將來についてこの方面に發展の道を求めて進むかと言ふことに

ついては古來識者は相當に頭を惱ましてゐることである。何分一億の民衆をひきつれてゐる我が國家の前途を此儘で放任することの出來ないことは火を見るよりあきらかなことである。古來大陸經營に着眼した人は相當にあるだらう。然し乍ら此の問題を眞劍に論議し眞劍にこれを實現しやうと努力した人は必ずしもさう多數だとは思はぬ。我々の愚考する所に依れば史上第一に掲ぐべき人物は何と言つても豊臣秀吉でなければならない。秀吉の經綸の壯大にして又實力の点に於てよくもあの當時あれだけの雄圖を企圖し着々其の實現に努力したものだと今更乍ら驚嘆せざるを得ない。大陸問題に就いては既に神代の昔にも關係があり、上代に於ては神功皇后の朝鮮出兵等があり、ついで刀夷の入寇、元の入寇等が中古にあつたが積極的に大陸を經營すると云ふ樣な計畫は先づ秀吉を以て第一に擧げねばならない。秀吉の大陸經營策に於て朝鮮はもとより支那を攻略し更に印度、フイリツピン群島、台灣に及ぶ所の廣大なる壯圖は何としても驚異に値する。秀吉の意圖に依れば「大唐の都へ叡慮を遷し可申候。其の御用意可有候。明後年可爲行幸候」。と述べ、或は「日本の帝位の儀は若宮（後陽成天皇の皇子良仁親王）八條殿（後陽成天皇の皇弟知仁親王）何にても可被相究事」と言ひ、或は「高麗の儀は岐阜宰相（羽柴秀勝）歟不然者備前宰相（宇喜多秀家）を可被置候」と言ふ樣な計畫を知るにつけ、或はオランダ領印度へ送りし書、フイリツピン群島へ送りし書台灣に送りし書面等を見る時何と言ふ偉大な大陸經營策であらうかと秀吉の並大抵の人物でないことが今日の樣な時局に際會して見て泌々感得させられるのである。其後德川時代になつて鎖國政策を取るに及び國民の雄圖は愈々挫け唯内に安逸を貪ること二百六十年、其の間白色民族の東漸政策は愈々其の魔手を伸ばし、印度はもとよりフイリツピン、シベリヤは彼等の手中に入り更に滿洲支那の利權も彼等の手に飜弄せらるゝに到り我國土さへも極めて危險な狀態にをかるゝに到つたのである。此の大勢に逸早く着目したものは蘭學者の一群である。林子平、高野長英の如きはその代表者である。子平は三國通覽圖說に於て地理を知らざることの不安を說き、特に本邦を中にして朝鮮、流球、蝦夷及び小笠原等の圖を明かにして時局認識に努力し海國兵談に於ては長崎の備へよりも却つて安房相模の海防の緊急なることを絕叫し「細かに思へば江戶の日本橋より唐阿蘭陀まで境なしの水路なり」とて極力海防の必要を國民に知らさうと試みたのである。けれども時代は彼の言を容れるには尙早で高野長英と共に罪に問はれる様なことになつてしまつた。筆者の見る所によれば幕末に於ける海防論は子平の説にも見る如く必しも積極的大陸經營を言々するには到つてゐない。又かうした所論をなすとしても社會事情がしかく言論の自由を許さず思ひきつた所説を吐く者の少なく見えるのも亦故なきことではない。今こゝに紹介せんとする山田方谷先生（以後敬稱省略）は幕末に於ける大陸經營論のかくれたる具眼者として是非江湖に紹介しかうした立言の士のあつた事を顯揚して今事變の意義をしつかと味はひたいと考へて一文をものしたのである。

## 二、大陸經營論に於ける基本觀念

山田方谷は備中高梁藩（舊松山藩）に仕へた漢學者で文化二年に生れ明治十年七十三才で沒してをる。幼時より英邁にして備中丸川松陰に師事し、ついで京都に遊び寺島白鹿及鈴木棟の門下に學び、ついで江戸に於て佐藤一齋門下に寓した。鹽谷宕陰、藤森大雅、春日仲襄等は其の友人である。佐久間象山の如きも其の一人であつた。天保八年（三十三才）松山藩有終館學頭を命ぜられ嘉永二年（四十五才）元締を命ぜられ、ついで吟味役を兼ねてゐたが後、文久元年元締をやめ、晩年は教育家として育英事業に全力を注ぎ其の弟子雲集し其の生徒數も相當數に及んで感化も甚大なものがあつた。山田方谷が藩政に參與し更に藩主に從つて中央に出で幕政に參畫して大いに其の經綸を發揮したのは主として元締時代及その後數年の間で其の侃々諤々の所論は老中たる藩主を通して幕政に重要なる見解を示してゐたものである。藩主松叟公は各種の重要なる意見を立つるに當つては必ず方谷に所見を求めては事にあたつた。特に松叟公は老中としては外國事務を監してゐた關係もあつて方谷の見解は又極部的でなく國情を顧慮した全体觀的見解が披瀝されたことも肯定出來るのである。

さて方谷は大陸經營に關し如何なる見解を持つてゐたか。嘉永六年ペリー渡來、和戰の論議喧しき折柄各藩夫々各種の見解を披瀝してはゐたものゝ大陸經營に關しては確たる見解を具申するものは未だ寥々たるものであつた。方谷の所論は慶應元年十一月の建言によれば內は諸家の疲弊を救ひ武備を立つべきを述べ、北海の軍備を整へ朝鮮山丹と貿易を開き、清國滿洲と交易を結び、應ぜずんば直ちに滿洲に攻入るべきを建言し、又航海通商すべきことを上言し且つ述べて云ふ「海外何方にても一両國御妙策を以て早々御屬國と被爲、貢賦本邦両三國分計りも新たに納まり候樣可被爲、附屬不仕に於ては早速兵力を以て御伐取りのこと、右者不容易の事に被存候得共航海交商よりは利益も即時に有之候儀、尙又此の位な御大策に無御座候而交易の御利益は終に得られ申間敷候、西洋諸國今日盛んに到り通商候國々何れも一旦兵力不要無之候。此故篤と御承知無御座候而は御交易も終には大害に相成可申候云々」と、これに依つて見ると方谷の意見は先づ武力を持つて然る後通商交易のあることを斷じてゐる。實力なき交易は結局無力であることを上言してゐるのである。これはか成り思ひきつた立言である。私の見る所では此の基本觀念によつて先生の各種大陸經營策が吐露されてゐることが各所に窺はれるのである。次に方谷の開國に對する基本觀念を見るに都合のよい文献がある。それは次の樣である。

山田方谷先生開國策

（魚水實錄前編百十八頁）

「鎖國を變して開國とするに大要あり。守を變して攻とするのみ。我出て外に伸んとするのみ彼を入れて内に屈するにあらず（此の法は數年の兵力を蓄へ師を海外に出し一二ヶ國にても我に服事せしむるにあり）和親交易は我武を利せんとするのみ彼を利するにあらず其利も亦下に施すにあり、上に貪るにあらず（此法は我より航海して外國の百穀有用の諸品を買來るにあり事未了なる時は先づ彼より輸入する物有用の貨物を多分にして洋銀を減少するにあり、又商稅を皆免して只我が彼に接する費用を償しむるにあり）機械技藝は彼の長を探て我に益するにあり、我長を捨て彼に倣ふにあらず（此法は短兵を精鋭にし刺擊を講習し其餘以て大砲兵艦測量銃陣等の諸技に及ぶにあり）風俗敎化は彼をして我を仰ぎ慕しむるに至るにあり、我彼を好み倣ふにあらず（此法は我神聖の道を崇み周公孔子の敎を盛に起し義を重し利を輕するの心を養ふにあり、異言異服を禁するも亦其一端なり）此外彼我尊卑應接の禮を正し内外を分ち（夷人の居）文物を（學校禮義）慕しめ威武（砲台、軍艦）を恐しむるは嚴重の御處置にありて此數ヶ條の一点の違あれば忽に華を以て夷に（譬へ戰爭難題にも）變するに至る鎖國の法に復するにしかず故に上は其事に關り給ふ有司より下小民に至る迄此けじめをよく辨別して開國も亦時勢に叶ふの法ならんか」

方谷に依れば開國精神は彼を容れて我を伸ばさんとするにある。和親交易も機械技藝も我が武を利し我が財を利せんとするにある。屈するに非ずして伸びんとするのである。此のけじめをはつきりと認識せねばならぬことを確言してゐる。

## 三、北　海　經　營　策

右の二点から考へて方谷の大陸經營策はあくまで積極的であることが自ら肯定される。次に掲げる文献は方谷の北海に對する經綸をあらはしたもので傾聽に値するものがある。方谷は樺太より西北山丹滿洲地方が我が北陸道のさしむかへに當つてゐることに注目し、北陸に海軍を備へ商船を作り滿洲地方へ渡海交易を盛んにし、未だ開かざる地は土人を敎へ邦人を派遣開拓物産の運輸をせねばならないことを論じ、海軍要地は佐渡隱岐に必要であることを述べてゐる等洵に用意到れり盡せりの所論である。今左に其の原文を掲げる。

### 方谷先生北海貿易策　（魚水實錄前編百十五頁）

一、外國貿易　彌御大開に就ては物産生出の工夫尤御大切と奉存候右に付蝦夷地公料に被復候御策等御尤の御事に奉存候因て相考候處唐太より西北山丹滿洲地方我が北陸道の差向に當り一小海を隔候のみにして其風土も定て蝦夷に似たる事多かるべしと被存候然るに是迄蝦夷と交易いたし候のみにて我國へは通し不申混沌未開の地多分可有之と被察候淸國も衰弱ゆへそれ等に手及ひ申間敷魯西亞よりは段々開拓いたし候へ共是以草創の事故行屆申間敷候間何卒相願候は北陸に海軍を備へ商船を造り右滿洲地方へ渡海交易を盛にし、いまだ開かざる地は土人を敎へ又は我邦人を遣し開拓いたし其物産皆我邦へ運輸いたし候樣被成度事に奉存候（漁獵など蝦夷地同樣に有之候へば所謂「ほしか」の類も澤山に可有之候へとも彼地方皆不毛の地田畑肥しは不用事故一向心を用不申哉も不可測候もし是等の物澤山に出候へば我邦へ漕運し莫大國土の益にも可相成其外陸地よりも多少の物産は檢出製造可致事と被存候）

一、右北陸にて海軍を可備要地は佐渡と奉存候又山陰にては隱岐に是非御備被成度事に御座候其內佐渡の儀は今般會津藩へ被下候蝦夷地御取上げを段々歎願申にて同藩の望は第一海軍を備申度且運漕の利を以疲弊を救度と申事に候間何卒其代りの思召にて佐渡一國御預け地に被成下彼地に於て海軍可取立尙又蝦夷は勿論前文に建言仕候通滿洲地方交易運漕等勝手次第に可致と被仰出候は丶同藩の事故定て盡力被致且疲弊も追々兎かれ候は丶畢竟公邊の御爲と奉存候（同國金山の儀は別に被成候て御役人被遣御管轄可被成金山の外御收納向は至て少分の事と承り申候是以會津へ被仰付御取調被成候は丶陸地は物產海面は漁獵等多分の御國益生出致間敷にも無之と奉存候事に御座候）扨又隱岐の儀は雲州へ御領ヶ地に候へとも何卒御直支配に被成經濟卓越の人材を被成御撰永年の成功を期し一國御任せと被成土地を闢き物產を殖し是亦滿洲朝鮮地方へ航海交易を盛にいたし可申尙又軍艦數艘御備に相成大兵を募り水軍を取立平日冗費無之樣御制度を被爲立候は丶北海第一の要鎭と成西南九州迄の御固めと可相成候（此儀には深意有之候儀にて已に昨年も窃に申上候此地にて海軍を御整備被成度と申策の通此後にても御秘策の尤大要務と奉存候）

右兩所の儀は何分早々御經營被爲在度御事に奉存候其機會今日に有之不可失の次第左に申上候通に御座候

一、右北方御開の儀幸に今般朝鮮へ御使被遣候事故朝鮮に於て右申談いたし候儀は勿論序に其使を直に北京へ被遣淸國と滿洲交易の條約を被爲結度奉存候但淸國に於て不承知の時は直ちに滿洲へ攻入一戰に可及應接にいたし可然と奉存候

一、今般北國にて外國開港と相成候時は北海の軍備御大切の上交易筋にも滿洲朝鮮地方と取引不致ては万事不都合に可有之且英佛など此策を此方より先に行候ては別て機に後れ我國の大害と成候間一日も早く御經營被爲在度存候事に御座候

一、我邦是迄兎角南方先開け候て北方は後れ候處土地の廣、物產の多却て北方に有之山陽五畿京坂なと米は勿論百物に至る迄北船の來りしを待候て用を足し候事不少候間此上御手を被入其上彼山丹滿洲朝鮮地方へ跨り開候は如何樣の大業も出來申と奉存候此段も御參考被爲在度御事と奉存候　以上

右の文献にも見る如く方谷は「滿洲朝鮮地方と取引不致ては万事不都合に可有之且つ英佛等此策を此方より先に行候ては別て機に後れ我邦の大害と成候間一日も早く御經營被爲在度奉存候」と述べてゐるが何と痛快な卓見ではないか。こんな問題がもつと早くから解決したら今日の日蘇漁業問題等は既に解決してゐたに違ひない。

方谷の所論は軍備下に立つ貿易論であり、軍備下に立つ產業開拓論であり、軍備下に立つ大陸經營策であることが前述の基

本觀念と照合して讀者は肯定されることゝ思ふ。

## 四、清國經營策

方谷は文久元年（七十九年前）兵を清國に用ふるの議を奉つてゐる。此の建策に依れば三軍を組織して台灣、朝鮮、登萊方面の攻畧を進言し、そして其の攻畧地域の處分方について暗示深きものを述べてゐる。

山田方谷先生の建策　　（魚水實錄前編百一頁）

輕賤の小官天下の御事申上候は恐入候へ共今日の大急務一日も不可後候事故心付候儘御國恩を爲奉報一言奉申上候　近來傳承仕候處清國大亂にて過半流賊の爲に被奪去秋に至北京は英佛の爲に陷り清主は滿洲に逃入候由に承り中華一圓無王の地に相成候趣に御座候何れにても取勝と申樣の場合に御座候間何卒我邦の御武威を以御征伐被爲在候御時節と奉存候間左右中三手に御分被遊　左軍は南海より台灣を攻取　右軍は北海より朝鮮を攻取　中軍は東萊邊へ渡海山東より攻入候樣致度　尤右三軍共公邊御人數御差出に不及國主方年來武備相調外國と戰を望候向へ一軍に二三ヶ國も被仰付　公邊よりは御軍監として御役人御差向にて右國々の土地は伐取に可致尤攻取候土地の三分は公邊へ差上候て要地々々に御奉行被差置大國御治め可被成其外殺伐を不好安撫を主とし唐國古代の風俗に復候御政令を御施被成候はば人心歸服仕多分兵力を不用して降伏可仕奉存候　右一兩年も過候て彼地に英雄出候て一統平治仕候上は御手を難被付相成可申當時にてはいか程攻戰候とも定り候敵無御座候　其內不宜時は引歸り候ても報復可致者も無之御安心の事に奉存候一日も後れ候ては萬代の遺憾に御座候間此段奉申上候

（右は文久元年頃方谷先生の獻策なり……實錄の著者註）

此の建策によれば西鄕隆盛の征韓論も、明治二十七八年日清戰役も、此の建策の前には事濟みの態ではないか。特に山東より攻入る方策等今事變にも大きな暗示を與へるものがあるではないか。更に面白いことは攻畧後に於て唐國古代の風俗に服す樣制令を發布せよと云つてゐるあたり今事變の宣撫工作に何とかのヒントを與へないだらうか。更に傾聽に價する點は英雄の出現を警戒してゐる見解である。今日我が支那事變に於て我國が蔣介石の爲めにどれだけ惱まされてゐるか、英雄の出現と外地攻畧とに密接不離の關係を考へずには居れないではないか。

次に掲げる文献は慶應元年のものと推定されるが時の藩學學頭進昌一郎（進鴻溪）に送られたもので、林富太郎（抑齋）遺族がこれを傳へ昭和九年始めて發見された書翰文で岡山縣上房郡高梁町前田氏の所藏で雄大なる其の遠畧の建議を見ることが出來る。さきに掲げた文久元年の淸國攻入の策と相俟つて外畧即内守の策を窺ふべき好文献として、現時我が國が既に實行し又實行せんとしてゐる國防策と宛然符節を合するが如きものあるのは只々驚嘆の外はない。これが七十五年前の古人の意見であろうとはとても思へない程である。

## 書　翰

好雨澤に御座候愈御淸適奉賀候、昨日は三島之來書其後熟思候處申越之通に相成候はば大事去矣とも可申此上之一策は内守は迚も不相成外略の外無之と存じ候、外略即内守の爲に候間可略地方我藩屛と相成候國々相擇略取可致事に候蝦夷は已に御手入に相成居候間先は朝鮮征伐より始め東北に轉滿州山丹一掃して北蝦夷へ連ね候はば魯戎之來路を遮留可申候、尚又西方は支那之地登萊之地丈分取南西は台灣を倂せ候而琉球と両島に重兵を置可申、扨尤要地は新荷蘭始ヲヲスタラリ地方三四島も擇取つて南方之大屛と成、八丈以南諸小島を夷に略掠せらるゝ患絕え可申然る時は歐羅巴諸戎西南より來墨利加諸夷東方より來る共何れも椅角の勢を以て控可申是則外略の大勢也

扨右之大擧を計候處乍恐公邊にては内守さへ御六ヶ敷折柄迚も御及兼之事と奉存候間此節扼腕思戰候水戸越前両肥長州等の大藩諸方へ致手分切取可申切取候上は其地二三歩方は公邊に差上餘は勝手に領候樣被仰出差上の地へ公儀より府をおかせられ管轄相成候事御大切と奉存候、扨又右南方諸島は攻略已にて宜敷候得共滿州朝鮮登萊台灣の地は淸國の屬境に候間一先淸え御使節派遣當今宇宙の形勢此儘にては外夷の物と相成可申我與其國とは唇齒の國に候處近來其國の有樣にては迚も支那地を保候事は難成と被存然る時其禍終に我に及可申候間先當分其方の屬國滿州其外右の地方丈は我に讓與へ可申左候相成候はば我より警衛致候而其國の爲にも可相成與丁寧告喩の上承引不致候はば右申述候諸大藩に被命切取爲致候而可然其外朝鮮の國は淸の屬

國與申候而も一つの王國にて我與由緒も有之事故是亦一檄告喩の上不服候はば軍勢差向候樣致度事に候右に付兩國への書面撰作致見候樣存付候何卒淸國に遣候分は乍御苦勞御製作被下度朝鮮への分は幸と林出勤に有之候間此段御傳被下候而同人一揮致候樣被成下度奉希上候出來の上篤とお考都下へ相傳へ用不用は不知候へ共自然幕廷に相達候樣可相成も難計與致希望候右切取の儀は少も公邊財力も不費兼而奮激抗言致候藩の事故其命下り候を辭候事は有之間敷間今日の大策此外は無之と存候是亦今時大機會の節にて此圖を拔し候得ば右諸藩も又々はづみ拔け候而は日本國中たち所も無之事に相成可申と氣迫りに存候間此段御相談申上候林へもくれ〴〵御示談可被下候右申述度先如此御座候　拜白

四月十六日　山田安五郎

進督學樣　坐右

此の書翰に依れば前掲の建議書と相通ずる所があるが、朝鮮滿洲・三丹・北蝦夷を連ねて魯戎の來路を遮斷せんとする此の論は現在の防共境界線の確定に外ならない。更に支那登萊、台灣琉球を攻畧し、新荷蘭を始め濠洲地方等を擇取り藩屛となし八丈以南、諸小島を安泰にをく此の案は正に我海軍の南進策を暗示するものではなからうか。秀吉の南進策よりも更に雄大なる策戰計畫ではなからうか。方谷は此外畧政策を實行するに方つて攘夷論の急先鋒たる水戸・越前・両肥・長州等の大半をこれにあてんとした等は又一案ではあるまいか。多少盲蛇に怖じずの觀がないではないが國情から判斷した一策と見てよからう尚滿洲朝鮮登萊台灣の地が支那の屬國としては其の保護下に立つだけの實力を認めず、此の儘では外夷のものとなつて唇齒の間柄にある我國として甚だ危險であることを認めて其の讓與方を申込み、若し聞かざれば攻畧せしめ樣としたその策はアジヤ人の手によるアジアの防護建設であつて其れ以後並に今日の事情と實に異ることなき所論ではないか。

要するに東亞の平和が滿洲・朝鮮・登萊・台灣等にあることは今日も同じことで七十五年前此の事情を方谷は斷然然も明確に言明してゐるのである。而して此の言明が漸次に實現しつゝある姿を見てお互只々先哲の豫言の如何に適確であつたかと云ふことを驚嘆せざるを得ないのである。

## 五、結　論

方谷の大陸經營論を一見するに稍机上の空論の如く見えないでもないであらう。併し乍ら方谷の此の觀念と自信は方谷の何處から出て來たか、之に就ては方谷が藩にありて既に充分なる確信を握つてゐる部面がある。

第一は方谷の財政に對する手腕である。第二は農兵制度に對する着眼である。此の二つは何れも松山藩に於いて既に試驗濟である。方谷の松山藩政治の大部分は財政建直しにあつて見事藩の財政窮乏を救濟して尙余裕綽々たらしめた實績に依つても明かな事實である。農兵制度に於ても相當の實績を擧げ西洋戰術に於ても一眼を有し、既に備中玉島港には軍艦を浮べてゐた樣な實情から見ても先生の所論が單なる空論であると輕々に斷じてはならない。此の点については確實なる論証を尙豊富に擧げることが出來るがこゝには省略する。

で兎も角も大陸經營について又東亞經營策について、今まで論をなした人は幾人かあつたであらう。併し乍ら方谷の如く思ひ切つた立言をなした俊傑が備中の山間高梁の一角に居たと云ふことは又我等鄕土人の誇りであると共に民族の誇りでなければならない。

# 第四章　山田方谷の教育活動

方谷の教育活動を研究するに當つて私は之を便宜上四時代に區分して考えて見たい。即、左表の通りである。

| | | | |
|---|---|---|---|
| ㈠ | 基礎時代 | （一―三二才） | 三十二ケ年 |
| ㈡ | 學頭時代 | （三三―四四才） | 十二ケ年 |
| ㈢ | 爲政者時代 | （四五―六四才） | 二十ケ年 |
| ㈣ | 教育專念時代 | （六五―七三才） | 九ケ年 |

右の四區分の中、方谷の最も教育家としての本領を發揮したのは最後の教育專念時代であるがそれまでに於ても先生の教育

的活動は續けられてゐてその形態は夫々その趣を異にしてゐる。即、爲政者時代の先生の態度は敎化政治としての形態をとり㊁の學頭時代の敎育は㊃の專念時代の私學的なるに對して之は官學に力を致した時代で共にこの㊁と㊃の二つは學校敎育的な形態をとつてゐる。爲政者時代のそれは政敎一致、一般大衆を對象とした敎化政策に根幹があつた。勿論、藩主に對する態度の中には王者の師としての風格と貫祿を示して遺憾がなかつたやうに思はれる。

## 第一節　基礎時代（一歲―三二歲）

敎育家としての山田方谷は如何にして形成されたか、その基礎時代、修業時代をながめようとするのが本節の主眼である。或は藩學有終館に、或は私塾牛麓舍に、長瀨塾に、小阪部塾に叉閑谷黌に、知本館に、溫知館に、從遊の士は五畿山陽山陰は勿論、東海、北陸、南海、西海に及んで其の感化を受けしもの數ふに遑あらず、偉大な薫化と業績を殘して聖賢、傑士の名を後世に留めた方谷は如何にしてその敎育家的素材を培育していつたか、蓋し、方谷の敎育事業と其の精神を知るには是非その基礎時代を究明してみることが重要な事柄でなければならぬ。

方谷があれだけの門弟を吸收し、あれだけの感化と名聲を殘すに至つた其の基礎がどこにあつたか、私は

其の一として方谷は天才的な優秀な素質を持つてゐたことを擧げる

其の二は方谷を愛育せられた兩親の家庭敎育が立派であつた点である

其の三はその師友に良師良友を得て立派な指導感化を受けたことである

其の四は方谷が絕えず倦まざる努力を傾注して自己修養につとめた点である

其の五は藩主（松山藩）の知遇を得て其の素材を十分に發揮し得たことである

この五つは表裏相關聯して方谷をして方谷たらしめたのであると私は愚考する。

### 素　質

方谷が天才的な優秀なる素質をもつてゐたといふことは其の幼少時代を見ると大体肯かれるものがある。三四歲にして善く

大字を書し神童の稱があつたと傳へられてゐる。作州木山神社に額字を納めたのは四歳で、新見侯の座前に他領農民の子として揮毫の榮を擔つたのは六歳である。丸川松隱の門下に在つて神童の名高く、或日客あつて問うて云ふ「阿兒學問して何事をかなさんと欲するか」と、答へていふ「治國平天下」と、是九歳の時である。以て方谷の凡庸でなかつたことがこの一事でも推量出來るのである。十三歳にして次の如き詩をものしてゐる。

題武侯圖

憶昔襄陽三顧時、臥龍一躍水離披、鼙師堪討逆曹暴、孤節且興炎漢衰
北征六出威震夏、南伐七檎恩撫夷、豈料原頭星墮後、千秋萬歳使人悲

方谷の師、丸川松隱が方谷の指導に當つたのは五歳の幼少時からではあるが方谷の素質の優秀な点に就ては夙に之を認めてゐたところで、方谷が十五才の時翁が方谷の父君に寄せられた手紙によると

「安五丈御身分之儀、御心遣出趣、御尤至極、親之心古今同樣之事……安五なご別而幼齡に而、氣血も未だ成熟にも至不申事萬一鬱結なご致候而はと見物なご云へば一番に差出候……第一如此英子を得られ候事は全御先祖積善之御餘慶、其材量に應じ候樣御取立被成候は御先祖へ之御奉公……元來溫順の生質、親と師とのはり立仕向次第にて如何樣にも御成立可有之、大切の時分二の足を御ふみ被成候樣にては是迄の御丹精も無に成可申……又御兩親是迄之御苦心之處をも申聞候所、詩を以て返答有之、凡庸兒の存寄候事には無之候、土臺も出來候はば上方邊へも推出し一出精致させ見申度、得と御熟考被成度事に御座候云々」

と述べて將來に非常な期待をかけてゐたことが分る。

家庭教育

然らば方谷はこの非凡な素質を如何にして伸展させたかといふに、先づ賢明にして慈愛深き兩親の眞摯なる家庭教育があつたことを擧げねばならぬ「方谷先生年譜」にもあるやうに方谷は文化二年、備中阿賀郡西方村（現在上房郡）に生れたが祖先

は駿河守重英と稱して尾張の人である。後年備中に移住し、累代此地方の領主であつたが關ヶ原の役後農に歸して西方村にあつたのであるから相當の家柄である。父は重美（字は公懿）と云ひ、家貧しく幼時より姻族たる室氏に依つて日夜家業に服し深夜室翁に就て書を學び大義に通じ氣慨の人であつた。母は阿賀郡小阪部村（現在、阿哲郡）西谷信敏の女（かぢ）である。

兩親とも家庭敎育に熱心であつたことは幾多の事實が之を證してゐる。父親が家系に於て本、武門にあり後世沒落して一貧農となつてゐるといふ点に非常な遺憾を感じ、自家再興の意氣に燃えて我子の敎育に專念したことも考え得られるのである。父が屢々方谷を誡むるに身を立て家を興すべきを以てし母又之に贊して力を注いだのも故あることで、家系、先祖を尊ぶ日本敎育の特質を窺ふことが出來て意義深く感ぜられる。

特に興味深く感ずることは方谷が天資溫順、穎悟、非凡な素質をもつてゐたことにも依ることではあるが兩親が早敎育に着目したことである。四歳にして母は既に文字敎育を實施し大字の書法を敎へてゐる。その効果が木山神社への奉納額となつて現はれてゐる如きその一例である。而して兩親は五歳にして方谷を新見藩儒丸川松隱門下に送つて其の敎導を請うてゐる。五歳といへば現今に於ても幼稚園保育を受けるか受けないかといふやうな年齢である。兩親の着眼の常人と異なる点をここに見出すのである。

父君の敎育態度はどうであつたか、方谷は云ふ

「室氏吾高祖之姻也、丈人吾父讀書之師也、而其德有遠及於球身者矣、球幼受句讀於吾父、誦習或怠、則責之曰、汝未聞我受書於室丈人乎、我少也困乏、以舊姻之故往依室氏、因欲請敎於丈人、而所依之家業賈日服其勞、至夜不已、人皆就寢、輙造丈人、叩戸請焉、丈人亦必廢眠諄々敎授、今我所敎、即丈人所敎也、而汝敢如此、何顏復見丈人乎、球時雖稚騃、爲之悚懼就業者數矣、後稍長、益知嚮學、深宵對卷、神倦睡交、忽憶吾父之言、瞿然起坐」（方谷遺稿上、贈室丈人序）

父はかうして己が修學の体驗を以て我子を誡めてゐるのである。己が苦衷を以て人の苦衷に訴へる態度である。敎育効果は特に訓育効果はこの境地に最も強力に發揮せられることを考えられる。父の死は方谷が十五歳の年、即文政二年七月四日であ

るが父は方谷の爲に次に示すやうな訓誡十二條を遺して之を誨へてゐる。

嚴父（公懿）の遺せし訓誡十二ヶ條

一、母へ孝養晝夜怠申間敷事
一、弟教育油斷仕間敷事
一、朝六時起、其日之用向夫々相定、相濟候上は自身之修業少茂怠申間敷事
一、夜四時（今ノ十一時）臥、學問修行家中用向之外、無益之長起致間敷事
一、先祀を崇み祭典之事惰申間敷事
一、勤儉質素を守り、總じて保家之道油斷仕間敷、并米銀出入刻薄之取計仕間敷事
一、容體端莊、言語忠信、總じて進德之行勤勉可仕事
一、飲食衣服并土木器翫無益之嗜み、念慮に挾申間敷事
一、博奕邪聲酒宴遊興之事、諸般之百戯、無益之費へ仕間敷事
一、男女曖昧之事痛く警戒可仕事
一、悪友に交り利誘に隨ひ、外欲に蔽れ申間敷事
一、鄉閭比黨患難疾病、懇々相尋、交誼を篤くし和睦之道相忘申間敷事
一、内外掃除、室屋漏缺、及丙王等油斷仕間敷事

右十二條堅く相守り家政相整、慈親之孝養、幼弟之撫友、專心を盡し夫子之教を宗とし、先人之志に從ひ學業之道、無怠慢日夜出精可仕事

右訓誡十二ヶ條が十五歳少年の頭腦に如何に響いたであらうか。十二條の訓誡を仔細に見る時、そこに示された具体的内容の奥に日本的なる家庭教育の特質を見出だし得ないであらうか。孝養、友愛、崇祖、進德、性別等々の道が懇切に指示されて

ゐることを見のがしてはならぬ。

母堂（先妣、實母）の死は父君より一年を先んじて十四才の年である。歿前の旬餘、方谷は歸宅して病を看ようとした時、母は學途にあるを思ひ師家に往くことを促したところ、少年方谷は枕頭に別を告げて涕泣し去り難き感情に打たれてゐた。母は叱して之を去らしめられたのであるが已にして病急なるを聞き深夜馳せ還れば已に及ばなかつたといふ、さながら孟母の機にも似た健氣なこの態度、方谷をして方谷たらしめた裏に秘められたこの母の敎化のあつたことを忘れてはならぬ。

この親にしてこの子ありだ。方谷がかうした兩親を持ち、かうした敎育と愛撫を受けたことに對して如何に肝に銘じたかは方谷生涯の事業や詩文に遺憾なく現はれてゐることを見れば多言を要すまい。左掲の詩は母堂永眠の年、即方谷十四才の時のものである。

父兮生我母育我、天兮覆吾地載吾、身爲男子宜自思、茶々寧與草木枯、慷慨難成濟世業、蹉跎不奈隙駒驅
幽愁倚柱獨呻唫、知我者言我念深、流水不停人易老、鬱々無緣啓胸襟、生育覆載眞罔極、不知何時報此心

## 修　業

十四才にして母を失ひ、十五才にして父を失つた方谷は姑く家業に從はねばならなかつたが暇さへあれば誦讀に勉めた。十六才より二十歲前後に至る五六年間は蓋し學的修業に專念出來ず種々の世事に煩はされて苦惱もあつたと思はれるが又一面、一家を擔つて立ち市兒牙儈と交はり後年一藩の財政を握つて狡吏姦商を退け其欺瞞を受けざりし素養を培つたものと考へられる。方谷が後年（二十五歲）京に入り白鹿翁の門下に學びし頃、舊師松隱翁に呈せし書翰を見るに

「……球之氣質暗昧柔懦、父母患之、自幼入先生之門、至十有五歲、誦讀將成不幸遇大故、把世務、交俗士、逐利計名、暗昧者愈暗昧、柔懦者愈柔懦、變化斯不美之質、莫如絶世務、定思慮以養之於靜、莫如讀書稽古以致吾之知也、於是乎再遊入師門……」

と嘆じてゐるが以て當時の心境を覗ふことが出來る。

然しながら方谷はかうした境遇の中にも誦讀をやめず、篤學の名漸く四方に聞え、二十一才、松山藩主板倉寛隆公の御耳に

入り二人扶持を給せられ左の沙汰書をいただいて光明ある生活へ一歩を踏出すこととなつたのである。

「農商ノ身ニテ文學心掛ケ宜敷旨相聞エ神妙ノ事ニ付貳人扶持被下置、以來折々學問所へ罷出、尚此上修業致シ御用ニ立候樣中附」

蓋しこの四五年間は方谷にとつては「行」の時代であり、生計の時代であり學問以上の實事、修業、修練時代であつて蕃山と並び稱せられる實用經濟の手腕の上に少なからぬ素養を與へたものと考へられるのである。

方谷が鄕里を離れ遠く遊學の道を選んだのは二十三歲で京都、寺島白鹿翁門下を訪ねた時からであるが今幼兒より師事した師匠や切磋した交友の主なる人をあげると次のやうになる。

| 年令 | 師匠 | 交友 |
| --- | --- | --- |
| 五歲―十六歲(?) | 丸川松隱 | |
| 二十三歲 | 寺島白鹿(京都) | |
| | 蘭溪禪師(仝) | |
| 二十五歲 | 寺島白鹿(仝) | |
| 二十七歲―二十九歲 | 鈴木棟(撫泉)(京都) | 馬來南城、富松萬山(長命)、松井安常、春日仲襄(潛庵)、相馬肇(九方) |
| 三十歲―三十二歲 | 佐藤一齋(江戶) | 若山拯(勿堂)、河田興(廸齋)、林長孺(鶴梁)、鹽谷世弘(宕陰)、藤森大雅(弘庵)、佐久間啓(象山)、木山楓溪 |

松隱、白鹿、撫泉何れも程朱學で方谷の幼期はその薰化を受けたが程朱學について滿足してゐた譯ではなく或時は伊藤仁齋の古義學を繙いて得ず、結局久しく藏してゐた疑念は帆足萬里の門人小川某を介して其師の文章及び肆業餘稿を讀むことによつて解決の曙光を認め二十九歲の夏、病を得て之を養ふ爲靜思の機を得た時、讀んだ「王陽明傳習錄」から豁然として悟るところがあつたものの如く竟に京都を去つて江戶に入り佐藤一齋の門を叩くに至つてゐる。この間の學的煩悶と之に對する方谷

の修學の態度も却々眞劍であつた。

抑僕始讀書、從事洛閩之敎、一意崇奉、後稍々涉于漢唐諸儒之言、反復三代之書、始知其言有古今之異、心竊不自安、取近世諸儒復古之說、嘗試讀之、其改今則有之、復古未見之、且其爲說、大率破綻滅裂無可據依、是以僅而獻之、不能卒其業、乃歎曰、去聖遠矣、六經殘缺、無已則紫陽之學乎、其言間有可議者、而士君子立身、於是取其準、則庶乎不差矣、遂再奉其學、而未能之信也、今求師於上國、與聞諸名家之緖論、亦唯欲有信其未能信者也、而夫諸名家之立言、亦各是其是、非其非要之堅白同異之雖得窮詰、未能使僕有信也……僕生二十有八年、藐焉一介書生、志有所存、不顧踐世俗之迹也、唯學之未明識之未立、尙還々于兩岐之地、幸賴先覺指揮、開示生路、則十駕之功、將有所展力焉（洛遊稿）

かうした學的煩悶の世界から脫して「空水明月相映于無間」の境地を見出だしたのは王陽明傳習錄を讀むの機を得てからである。

かくの如く方谷を調べ來る時、方谷を單なる天才兒としてのみみることを許さないのである。絕えず理想に向つて邁進をつづけた求道の士であり、大努力家であることが分るのである。

### 傳習錄拔萃序

均是傳也、均是習也、世之學朱者、極斥王氏之非何哉、蓋朱之爲學、合內外、該博約、是以其傳協於中而習焉者、昏明智愚、各循其序而進矣、王之爲學、專於內、而豐於約、是以其傳出於偏、而習焉者、有得有失、何也、昏而愚者由之、則長師心之過而失稽古之功、悍然恣肆、無忌憚之行、於是乎興焉、是其失也、明而智者資之、則見性也速、而斷理也果、措之事業、視其効者、往々有之、是其得也、善學焉者、舍其失、而取其得均是傳也、均是習也、吾未見其非也」癸巳之秋余閑居洛西、久不接於物、取王氏傳習錄、時々讀之、熟于口、而得于心、猶空水明月相映于無間也、於是乎益信夫速與果也、乃採擇其近于得者若干條、手寫置于左右、亦將欲效善學焉者之爲也」或曰、子非學朱者邪、若夫傳習之方、則朱之書備矣、何必他求之爲、曰、今之學朱者、爭王氏出失、遂并其得而斥之、棄內遺約、泛濫無要、此豈朱子之意哉、故余之有此擇也、欲救其弊以協於中而已、抑

亦朱子傳習之本意也矣（方谷遺稿上卷）

方谷を育てた恩師、交友は幾十人とあるが其の第一は何としても丸川松隱である。

方谷を幼少の時、教育したのが丸川松隱であるだけにその感化も大きくその印象も特に深かつたと思はれる。方谷は五歳にして已に其門下に學び色々と面倒をみていたゞいたものであるが松隱は方谷の穎悟温順を愛して其薫化に力を致してゐる。恐らく六歳の時、新見侯の坐前で揮毫の榮を持たせたのも松隱の配慮によるものと思はれる。方谷十四歳にして母を失ひ悲嘆にくれてゐる時「陽氣發處金石亦透、精神一到何事不成」と鼓舞激勵し、或は長ずるに及び京師に寺島白鹿翁を紹介して其の進學を勸める等至れり盡せりの指導振である。方谷が老後に至るも舊師の恩を忘れなかつたことは六十六歳の夏、門下田中萓（富谷萓）と共に松隱翁の墓を新見雲居寺に拜し

日にそへてしげるむぐらをわけつゝも　君の敎の道は迷はじ

と追懷の念を深うしてゐる事など、又晩年、松隱翁老後の遺製と稱して深い頭巾を製し毎冬之を使つてゐたといふやうな美しい舊師追慕の情にも之をみることが出來る。

方谷の基礎時代、修業時代の最後を仕上げたものは矢張り佐藤一齋であらう。方谷が學的煩悶を解決し安んじて敎養をつんだのは同門下である。方谷はいふ

「孟春念五入佐藤翁之門、翁之道先立乎其大者、去華就實、使人優游自得夫性命道德之源、是以日樂聞其敎、庶循明師之善誘賴良友之切偲、加レ之以二困勉之力一、以得レ全二天之所一以與二我者一則區々終身之業於是乎建矣、老兄待我之厚、亦可以答其篤一也歟」（方谷遺稿上、答木山三介書）

そこには喜びがある。かくして方谷の基礎時代が完成されるのである。特に一齋門下では多士濟々、塩谷宕陰あり、林鶴梁あり、佐久間象山あり切磋琢磨にはあつらへむきの好條件にあつた。

方谷が自己を天才と自負することなくどこまでも眞摯な態度をもつて絶えず倦まざる努力を傾注して自己修養を圖つたこと

は方谷を大成せしめた一因である。方谷の書翰をみるに自らを「暗昧」「柔懦」と考え或は庸劣、と稱し常に身を低く處して自己の至らざるを勵ましてゐたもので修學態度に自らその風格を現はしてゐる。今日の樣に圖書館や新聞雜誌、各般書物並にその運輸、購讀、落手の機會に惠まれてゐるのとは異なり、書籍一冊手に入れるにも相當の時日と人手をからねばならぬ。方谷が京都や江戸に居た時などはその不便も少なかつたであらうが鄕土、松山藩下にある場合などの讀書研究は書籍を取りよせるにも色々と心を配らねばならぬ。次に揭げる書狀は嘉永元年のものであるから基礎時代のものではないが、方谷の勉學振の一端を覗ふことが出來る。勿論既に有終館學頭を命ぜられ、家では塾を開いてゐた（牛麓塾）頃（四十四歲）の書狀であるから讀書の範圍も、書籍の種類も差異はあらうが、方谷の自己修養の一班を知ることが出來ると思ふ。參考までに揭げる。

山田方谷先生より三嶋翁への書狀　（慶應元年十一月晦）（魚水實錄）

（前文省略）

一　御出立前も御賴申置候伯州より被賴の書物御持歸り被下度無相違呉々希上候尙又此頃賴み來り品々左の通

通鑑綱目　阿波判
文材良材　唐詩掌故
論語古訓外傳　徂徠集便覽
同　典故

〆

右の通申來候是も乍御面倒一緒に御調御持歸り被下候へは大に宜敷候乍去綱目は大部の事故船便にても宜敷候右代金先注文の分は已に其當て差越申候間御歸着後直に爲登候樣可致今般の分も申遣候へば早速差越可申間其都合に被成置可被下候右書目綱目は尤の事に候へ共其外の諸書は何の事やら不相分邊鄙の學問可怪事のみと被存候

追て閑喩いたし遣し度と存候得共今般は先申越通調へ遣し置候上と存候間むだ事には候へ共御世話被下度奉希候一笑々々

先は右御頼申度如此餘事は書中不可申盡御歸の上萬々面聲を期候　早々不一

藩主の知遇

方谷が其の名を竹帛に垂れるに至つた一因に藩主の知遇のあつたことも重要な点である。但し藩主の知遇を得、又は之を高むるに至つた理由に方谷の偉さといふものがあつたことはもとよりである。この点は表裏相即するもので俊馬と伯樂、啐啄同機とも云ひ得よう。ところで方谷が一人前の人物として世に出たのは二十一歳（文政八年）の冬、松山藩主板倉寛隆公の耳に入り二人扶持を給せられ、學問所（即藩學有終館）出仕の沙汰書を賜うた時からである。然し方谷は若原氏を娶つて五年目で家業に服して學問に專念し得なかつた時のことではあろし到底之で滿足する筈はなく、二十三歳で京都に遊び寺島白鹿翁の門に學んだのである。年末歸國、二十五歳再び入京、同門に學んで冬歸國すると、板倉侯は苗字帶刀を許し、召出して八人扶持を給し、中小姓格に上り有終館會頭を命ぜられて居る。翌年六月には邸を城下本丁に賜ひ、十二月會頭を罷むに當つては目録及び銀三兩を拜受、二十七歳、三度京師に遊び、ついで江戸に移り勉學大いに努めて三十二歳（天保七年）の暮、歸藩するややがて有終館學頭を命ぜられてゐる。かく方谷は藩にあれば常に重用され、方谷又誠心誠意藩の爲に盡して居る。若し夫れ、學頭時代、爲政者時代、敎育專念時代の全生涯に渉つて藩主、寛隆公、勝靜公（庫山、松叟）と二代に仕へてその知遇を得たことはまことに厚いものがあつて、方谷が藩主に呈上した建白書を始めその書狀の如何に多く、又、藩主より賜うた下問書狀並に感謝狀等を見るならば如何に方谷の眷遇深かりしかを知ることが出來るのである。世は明治時代となり、方谷が一切の政務、世事を斷ち、老後を草深き小阪部山中に私塾敎育に專念してゐた當時（即明治八年七十一歳）松叟公は祖廟を高梁に拜され、ついで赴き謁し、又長瀬に訪ねて滯留三日にも及んだといふ様なまことに美しい物語である。

當時の詩が傳へられてゐる

乙亥四月恭奉謝松叟公臨草廬

涓滴未酬江海恩、時過事去奈身存、昊天疾怒雲千變、大地荒涼月一痕

自分枯骸充溝壑、何圖玉趾到田園、惠風吹入桑麻底、招得平生九死魂

　奉謝以一詩、情未能盡疊韻再呈

往事悠々幾負恩、腰間秋水賜空存、江城大樹花無色、華港退潮浪有痕
萬國和親新世界、一丘歸隱舊田園、呈詩休怪多悲慨、尙是當年日本魂

かうして方谷は優秀なる天禀に兩親及良師の適切なる指導を得、それに藩主の知遇を受け、絶えざる努力によつて基礎時代に培ひ、將來發展への潜勢力を養つたのである。

## 第二節　學頭時代　（有終館學頭時代）（三三歳―四四歳）

天保八年三十三歳にして有終館學頭を命ぜられた。之は方谷が佐藤一齋の門下を去つて歸藩した翌年のことである。生活信念も立ち、業も大体成つて方谷が愈々本腰となつて藩の爲に盡すに至つた年である。基礎時代を經て愈々教育者としての活動を開始した年である。方谷が有終館に關係したのはこれ以前に於て二十一歳の時、出仕の沙汰書をいただいたのが最初で後二十五六歳の時、有終館會頭となつてゐるから全然無關係の職に就いた譯ではないが眞に學識成り、教育者として權威ある活動を現はすに至つたのは矢張り學頭となつた三十三歳を以て適當とする。さて有終館とは如何なる學館であるか先づ説明しよう

「校名　有終館　（大日本教育史資料による）

校舍所在地　備中國上房郡舊松山中之町　延享年中伊勢ノ亀山ヨリ移封後舊松山本町ニ設立ス天保年中今ノ地ニ移ス即チ現今
　高梁小學ノ地

沿革要略　延享三年創立、伊勢亀山ニテ隱岐守重常代石川半助（號鹿山）祿二百石廣間番ニテ藩士ニ文學ヲ教授スト云フ其制度不詳半助ハ丈山ノ姪丈山子ナシ故ニ半助相續ス藩祖勝重重宗二代丈山ト交誼ノ厚キニヨリ遺言シテ板倉氏ニ仕ヘシム遠裔今ニ存ス舊松山へ移封後寛政年中周防守勝俊大ニ文學ヲ奬勵シ藩士芦戸利兵衛（號默翁）ヲ學頭トシ且學校ノ名稱ヲ撰ハシム乃チ有終日知ノ二名ヲ書シ採擇ニ供ス勝俊有終ノ字ヲ採リ之ヲ命ス後野村治右衛門（號必明）繼テ學頭タリ（後年寄役ニ拔擢）又

周防守勝職代奥田蕉藏（號樂山）學頭タリ天保初年本館災ニ罹リ一朝烏有トナル蕉藏請テ地形ヲ相シ城下中央ニ移シ子弟往來ニ皆便トス（即中ノ町前ニ出ス）規模頗ル舊ニ加フ廣堂整然當時文運未タ太タ旺セス而テ此盛擧アル蓋蕉藏贊成ノ力居多ト云フ後七年ヲ閲シ城下大災延テ本館ニ及フ勝職深ク之ヲ憂ヒ再造ニ志アレトモ一時燒殘ノ餘此ニ及ニ暇アラス假ニ建築ス既ニ弘化中伊賀守勝靜家督ニ際シ山田安五郎（傳ハ別紙碑銘寫アリ）學頭タリ勝靜父祖ノ志ヲ繼ントス首トシテ安五郎ヲ要路ニ擢用シ學職ヲ兼シメ本館ヲ増築シ文武ヲ勵シ釋奠釋菜ノ禮典ノ如キハ粲然可見（禮樂ノ大畧祭禮ノ條ニ出タス）勝職代藩士ヲ藩職ニ用ユルハ松本專之助西川其人民間ヨリ擢用スルハ安五郎勝靜代藩士ヲ擢用スルハ神戸謙二郎服部陽輔神戸一郎民間ヨリ登用スルハ進昌一郎川田剛三島貞一郎鎌田宗平林富太郎而シテ其他要路ニ役付ク者大概館中ヨリ出ツ

教則　四書五經十八史略日本外史大日本史十三經二十二史資治通鑑宋元通鑑諸子文集等素讀ヨリ初メテ返講輪講等總テ易キヨリ難キニ及ホスニアリ

素讀ハ朝五ツ時ヨリ九ツ時迄句讀師二四名ニテ一人毎ニ教授シ晝八ツ時ヨリ七ツ時迄復習講義生ハ朝五ツ時ヨリ始ルアリ或ハ四ツ時ヨリ始ルアリ又ハ晝九ツ時或ハ八ツ時ヨリ何レモ教員ノ都合ニ依リ取極ムルモノニテ凡ソ一組ノ講義月六回又ハ十二回トス三八ノ日ハ朝五ツ時ヨリ會頭句讀師等學頭ヲ會幹トシ經史類ヲ講究ス但シ文武目付時々立會テ其勤惰ヲ督ス

學科學規試驗法及諸則　漢學ヲ主トシ傍ラ國書ヲ讀マシメ兼テ指南出席ニテ劍槍ノ術ヲ授ク　醫學ハ毎月會日ヲ定メ藩ノ醫師相會シ學頭立會ニテ醫學ヲ講究ス　生徒ニハ必ズ文武兩道ヲ兼修セシム　文學ト武術トノ程度比例左ノ如シ

文學　四書五經ノ素讀下級　論孟講義中級　學庸及五經ノ内一經講義或ハ文章轉倒ナキモノ上級

武術　切紙下級　目録中級　免許上級

修業ノ程限ナシ六七歳ヨリ終身ノ業トス　素讀生ハ毎月々旦評ト唱ヘ讀ミ了リシ書ノ内一册ニ四五ケ所ツヽ句讀師ヨリ指出シテ之ヲ讀マシメ優等ノ者ヘハ年末ニ書籍或ハ筆紙墨ヲ賞與ス　春秋兩度昇級試驗ヲ設ケ諸役員立會ニテ之ヲ施行シ其及落ヲ定ム但シ武術ハ十一月十日或ハ十五日頃ヨリ三十日間寒稽古ト唱ヘ曉八ツ時ヨリ稽古シ其終リノ日上達ノ者ヘ昇級ヲ命ス

春秋兩度藩主屋形ニ於テ文武ノ士ヲ撰ミ諸役人立會ニテ之ヲ試ミ優等ノ者ハ藩主親ラ書ノ篇章ヲ撰ミ別ニ講讀セシメ武術ハ藩主親ラ敵手ヲ撰ヒ別ニ試合セシムルコトアリ之ヲ特試ト稱シ皆其選ニ預ルヲ榮譽トス士族ノ嫡子十五歲ニ至レハ目見ヘヲ許ス爾後年始佳節出仕ス三ケ年ニシテ初メテ二人扶持ヲ宛行ヒ又二十五歲ニシテ切符銀三枚ヲ加增ス此舊例也勝靜代ニ至リ文武奬勵ノ爲メ文武共下級ニ至ラサレハ目見ヘヲ許サス中級ニ至ラサレハ扶持ヲ宛行ハス去レトモ天性文事ニ不得手ナル者ハ二流ノ武術ヲ文武兩道ニ充テ又身躰虛弱ニシテ武術不得手ナル者ハ文事中級ニ至ルヲ以テ文武兩道ニ充テ初メテ目見ヘヲ許ス而シテ文武共上等卒業又ハ別ケテ優等ノ者ヘハ紋服或ハ紫ノ下緒或ハ金紋引肌ヲ下賜セラルヽコトモアリ　句讀師又ハ學術優等者ヲ拔擢シ寄宿申付修業扶持一人口外ニ薪炭油費ヲ給ス　維新後ハ十五歲以上十七歲迄ノ者ニハ書籍料トシテ金五兩ツヽ年々下賜ス

職名及ヒ俸祿　文武總督　文武目付　學頭　會頭　句讀師　右ハ維新前ナルヲ以テ定祿ノ外役扶持ナシ但年末ニ敎授精勤ヲ賞シ目祿ヲ與フ坐席ハ各役席有之維新後ハ左ノ如シ

督學　大參事ヨリ兼務ナルヲ以テ別ニ給料ナシ　文敎官　年給米十二俵　仝副　仝十俵　文助敎　仝十俵　句讀師　仝八俵

文武監察　仝八俵

職員概數　維新前　敎員十八人　事務員四人　門衛二人　小使一人〇維新後　素讀生百二十人　講義生八十人内四十名ハ寄宿ニテ十名ハ藩費餘ハ自費　束修謝儀無之

學校經費　經費ハ盡ク藩費ノ内ヲ以テ仕拂ヒ故學校經費區別シ難シ　學費ヲ藩士ニ賦課スル等ノコト無之

藩主臨校　藩主臨校講義聽聞等ノコト有之或ハ他藩人文武遊歷等ノ節モ亦臨場ス

學校講造及ヒ建物圖面　地坪七百八十壹坪八合六勺　建坪百七十七坪　建物圖面別紙ヲ添フ　學校ニテ出版翻刻セシ書籍目次及藏書ノ種類部數　出版翻刻ノ書籍無シ　藏書種目ハ有終館ノ分經類百拾五部　史類百四十貳部　子類二百四十三部　集類六十六部　館中用書貳十九部　野山學問所用書拾九部」

右の説明は明治年間の報告によるのであるから方谷の學頭時代そのまゝではないが、その大體を概觀することが出來る。特に注意すべきことは有終館の基礎を確實に安定せしめ、その盛大をなさしめたものは方谷であるから有終館と方谷とは不離の關係にあることである。從つてやゝ後年の報告ではあるがこの說明記事を揭げてその觀念を明かにする一資料としたのである

方谷が學頭となるまでに誰が之を勤めてゐたかといふに

第一次は芦戶默翁、第二次野村必明、第三次奧田樂山、第四次山田方谷

右の樣な顏振である。創始時代の松山藩學は、伊勢龜山から移封された藩主板倉勝澄公によつて延享三年に子弟敎育の爲學校が設けられ其後藩主勝政公によつて設備充實を圖つて寬政年中館名の決定と共に誕生してゐる。遺された記錄の關係もあらうと思ふが有終館の繁榮は勝靜公の時を最となしてゐるやに思はれる。勝靜公は七百八十一坪八合六勺の敷地に百七十七坪の校舍を新築し、一世の碩儒山田方谷を始とし

石川伯助、松本專之助、西川其人、神戶謙二郎、服部陽輔、三浦義端、神戶一郎、大石如雲、進昌一郎、川田剛、渡邊貞助

中村長遷、梅尾元太郎、三島毅、鎌田宗平、林富太郎

といふやうな人々を各學職に補して藩學の興隆に資してゐる。この間に處して方谷は學頭時代は勿論、次の爲政者時代を通じて名君を補佐して君臣水魚、備北文敎の原動力となつてゐる。

學頭時代に於ける方谷の敎育活動は

一、主君敎育

二、藩學敎育

三、私塾敎育

右の三方面からみることが出來る。第一、主君敎育といふと如何にも大袈裟で自然でないやうに思はれるが、方谷が一藩敎育の衝に當つてゐる事情からみて之だけの意氣と自覺があつたであらうことは次の文献が證明する。即寬隆公（勝靜公の御養

父）に對し上言して二事を陳べられてゐるのを見ると一に「御養生御大切に被遊度奉存候御事」二に「御決斷早く被遊度奉存候御事」の二ケ條である。前者に於ては御飲酒過荳の点に觸れ、後者に於ては決斷遲ければ機に後れ善謀も無益と成る点を直諫したもので、此書面が果して藩主の御手許まで達したかどうかは疑問である。何分當時として藩主に身邊的な問題に就て意見を具申することは至難中の至難事である。然し方谷にそれだけの決意のあつたことは方谷生涯の生活態度から肯定されるし又この二事を記した天保十四年（三十九歳）の前年に於て勝靜公（桑名藩主松平定永第八子）が寛隆公の世子となり翌年（四十歳當時）には寛隆公に代つて封に就かれるといふ樣な事情にあり、而も昌平日久しく藩內に於ても遊惰風をなすといつた樣な世情にあつた点からみても尙更肯定し得ると思ふ。原文を掲げる（此獻言書は藩士前田琢磨の嗣子武楨家に傳ふ由）

奉申上候ヶ條（松叟公御養父寛隆公え方谷先生の諫言）

一、御養生御大切に被遊度奉存候御事

國君の御身は一國萬民の奉仰處にして只かりそめの御違例も一同の心痛と成候得者御身の御養生御大切に被遊候者則一國の人を安心せしむる御仁心に御座候其御養生の道は飲食を愼み思慮を省き起臥を時にするの三つに御座候と承申候に付三ケ條の儀に付存寄の事共左に奉申上候

御飲食の內にて御飲酒時々御過荳の御事も御座候哉に奉承候て何とも奉恐入候御事に奉存候　扨酒の儀は各の分量程飲候得者無此上藥と成　分量を過候得者無此上毒と成候儀は誰も承知仕居候得共好物の習にては其時に至り程合にて止め申事難成ものに御座候乍恐奉察上候處矢張右の處十分御承知乍被遊其時に至御心の外成御事に被爲成候と奉存候

右に付私一つの考へ御座候は御一賦御側向被　仰付候にこれ〳〵の御分量被爲立置候間其時に至り如何樣の御意御座候共御分量の外一盃も差上申間敷萬一御機嫌を恐れ差上候者有之に於ては後日屹度可被　仰付と被　仰出候て難仕事は無御座候間求候共申上る者は少く御座候にましで求め無御座候ては誰れか可申上哉此處を被爲　思召分　むかし　東照宮樣の直諫は一番鎗より難しと被　仰候通十分に　御勸被遊候ても被遊御求度奉存候　尙又其人の身上は如何樣の不埒御座候共申上候事さ

へ宜敷事に御座候得者被遊御用度奉存候　聖人ならぬ者たれも過失無御座者はあらさる事に御座候間諫を申上候に付其人の善悪を吟味せられ候ては又たれも申上候者は有御座間舗と奉存候何卒以來御側向始め一同え存寄無遠慮奉申上候様　被仰出候者隨分申上候者も可有御座多の内には御爲と成候事も無にしも無御座たとひ可取事無御座候共其言により人々の志も分り可申と奉存候

一、御決斷早く被遊度奉存候事

古より英斷の君と申候て決斷のよきを人君の第一と仕候萬機の政を捌き候に決斷遲くしては機に後れ候事のみに御座候て善き謀も無其益成行候事に御座候乍去餘り早く決し候ては折々仕損も御座候得共それは十に一二にて八九は早き方勝利と相成候事に御座候一二の仕損も決斷の早きより出候事に隨分見事なる者にして豪傑の風は失わざる者と奉存候是亦是迄御決斷無御座と申には無御座候得共大切の儀に付序に奉申上候

右の條々取るに不足儀のみ奉申上重々奉恐入候得共初に奉申上候通力一はいの處に御座候間　御試に被遊　御用候御爲にも成候者藪醫の藥も時有りて效しを得候にて面目の至難有仕合に奉存候

天保十四年夏五月　　　　山田安五郎誠惶拜上

（魚水實錄所載）

世子勝靜公が實隆公に代つて封に就かるゝに及び（弘化四年）世子は文武を以て一藩を督勵し暇さへあれば方谷を召して書を講ぜしめられて居る。方谷又大いに力を之に致してこゝに君臣一体、水魚の實が上り一藩教化の實愈々上るに至つた譯である。藩主自身が文武の道に勵み、敎養に努められることは方谷の願ふところであり、一藩敎化の根源である。方谷が弟璉卿に寄せた書に言ふ

「世子君事追々文武御研精被遊、驚服之事に御座候、文事は奥田（樂山）と此方、隔日に罷出、御會談被遊候、奥田は言行錄、此方は綱目に候、武事も劍槍寒稽古六十日御詰被遊毎朝七時より被遊候、弓馬は是迄拔群御上達之趣に候、第一可驚事は寒

中爐邊へ少も御寄不被遊候、承候處、是迄生來夏日畫寐、冬日圍爐被遊候事無御座由、何分桑名侯御家風之嚴正是に而　可想知樂翁公之遺烈左も可有御事奉驚服候義に御座候」

之によつてみれば方谷は通鑑綱目を侍讀してゐるが、世子が文武に研精、その成績益々進境あることに對し非常な悦びと驚嘆を感じてゐることが分る。方谷は又世子に召されて周易を觀水堂に講じた際には觀水説を作つて之を上つてゐる。（公も亦綱目を學ばれた時德宗論を作られた）勝靜公が藩政改革をなし遂げ、やがては老中ともなつて中央幕府の政務に參劃するに至るまでの人物修練教養の基礎が一面桑名に於ける幼少時代の教養にもあるが又その大部面に方谷の輔佐のあつたことを知らねばならぬ。

第二は藩學の經營である。

松山藩主腦部にあつて藩學の興隆に力を注いだことは大したものであるが特に學頭時代に於ける教育活動の業績を云ふことになると資料も乏しくその多くを掲げることが出來ないが學頭として有終館教育の徹底の爲、黙々たる活動を續けていつたことは想像に難くない。天保十年春、城下火を失し有終館其災に罹り、天保二年の火災復舊した館舍を再び燒失した際などには藩士數百戸の建築工事に急ぐ餘り學館の復興に及ばず子弟大に沮むといふ情況にあつたが方谷は學館の釋奠及び諸雜費を合はせて其九箇年に要する全額支出を請ひ假學舍を再築してゐる。當時の苦勞もさぞかしと思はれる。

蓬瀛萬里伴二飛仙一、無二復乘レ軒榮利牽一、時立二九皐一姑息レ翼、鳴聲不レ願レ聞二于天一

之は弘化四年四十三歲の時、鶴を詠じられた詩であるが當時の心境を覗ふことが出來る。學頭時代十二ヶ年中前半は寛隆公で後半から勝靜公の代となつてゐるが教育活動としては矢張り勝靜公の代に入つてから活氣を帶びてきたかに見受けられる。其の教育方針の如きも勝靜公の、文武を以て一藩を督勵するの態度と歩調を合はせて學制が布かれ、文武奬勵の論達が發せられて居る。弘化元年勝靜公が藩主に就かれるやその態度を以て進められ、自ら周易や通鑑綱目を侍講せしめられ或は劍槍、弓馬等の武藝を練習せられる等文武兩道の督勵はその最初から藩主御自身の上から實踐されて强力なる出發を開始してゐるので

ある。左に掲ぐる諭達は學頭時代よりは二、三年後のものではあるが其態度が知れると思ふ。

文學ハ士ノ可嗜第一ニ候得ハ是迄文事ニ志無之壯年ノ輩ハ猶更ノ儀以來ハ勤テ學問可被致候追年文事ノ盛ニ被行候樣被遊度思召候間重役拜其以下或ハ繁勤ノ面々タリ共餘力ノ砌リ有終館へ出席被致共々被心懸候ハヽ一統ノ勵且ツハ自然國風トモ可相成候武藝是亦專要ニ候條猶此上無怠慢出精可被致候古語ニモ文武ハ車ノ兩輪鳥ノ兩翼トモ有之乍去文ナキ武ハ誠ノ武ニ非ズ只血氣ノ勇ニシテ眞ノ武道ニ非ス是等ノ處能々被心得修業可被致候事

嘉永四年二月十四日

家老年寄連名

御家中衆

昨年被仰出候文學ノ儀講釋聽聞ノ出席有之候得ハ壯年ノ向ハ輪講返講可被致候厚以思召文事御引立ノ爲メ有終館御啓請出來且句讀師中ニモ終日詰切リ相成候得ハ猶又弱年衆中此上一段出精可被致候事

右之趣御家中衆へ各ヨリ可被相達候以上

亥三月廿九日

月番　桑野龜

御目付中

藩學經營に關する記錄は寧ろ次の爲政者時代に殘つてゐて、特に學頭時代のものは余り見當らない。然し却つてそこに靜かな研究努力がなされてゐたことは想像に難くない。

第三は私塾の經營である（牛麓塾）

方谷は一方有終館學頭として一藩々學を背負つて立つたが又、一方家塾を設け之を牛麓塾と稱した。天保九年の創始であるから學頭となつた翌年である。だから公私兩面の教育活動が併行して行はれた譯でこの二つは二にして一なる形を持つてゐたものと思はれる。塾生の如きも両者に出入したものが多かつたであらうと察する。遠近來學するもの常に數十人に上る（方谷年譜）と見えてゐるから相當盛んなことであつたと思ふ。

今、當時藩黌並にこの家塾に學んだ門下生をみるに後年名を成した錚々たる人々が集つてゐる。

三島毅（後の東宮侍講、文學博士）進鴻溪（後の有終館學頭、後、權大參事）大石隼雄（号如雲、後の藩學會頭、郡宰、度支、後、判事）三浦佛巖（會頭、後、小田縣大屬）林抑齋、神戸一郎（景顏）神戸謙次郎、服部陽輔、高野文五右衛門、渡邊貞助、東謙次郎、莊田賤夫（霜溪）吉田寬治（藍關）寺島義一、等々
其他多數の子弟が來遊、門下に勉學をしてゐる。

特に寺島義一の如きは舊師、寺島白鹿翁の子にして遙に京都より來學したもので舊師が如何に方谷の人物に感服してゐたかが分る。三島貞一郎（中洲）が始めて方谷に就いて學ぶに至つたのは年十四歳にして方谷三十九歳（天保十四年）の八月である。當時（弘化四年）の塾長は進昌一郎（鴻溪）で後昌平校に入つてゐる。

牛麓塾に關する記錄も殆ど殘つてゐないので其の經營の詳細を知ることが出來ないが、地方私塾、寺子屋敎育の先驅的役割を果してゐたことは日本敎育史資料私塾一覽表に於て上房郡の部を開いてみると肯定出來る。即高梁町内十一ヶ所の私塾が皆方谷の牛麓舍以後の設立に成り其の塾主も方谷門下から多くを出してゐるのも意味あることである。（日本敎育史資料九卷八六頁參照）（本研究物附錄參照）

## 第三節　爲政者時代（四五歲―六四歲）

爲政者時代は方谷の働き盛りで諸方面に政治的手腕を發揮した活動力旺溢の時代である。勝靜公を援けてその全力を藩政改革に献げた時代で經濟、敎育、兵事等各般に渉つて着々其の實績をあげて居る。特に財政改革に就ては格別の苦辛と努力を傾注し「貧乏板倉」の汚名を拭ひ去らしめる程の功績をあげ　又農兵制度を樹立して有事の際に備へ、文武両道精神の下に文敎武術の獎勵をなしたが之が藩政改革の根本態度をみるに方谷に於ては政治卽敎化、敎化卽政治の形態をとり、政敎一体の態度を以て臨んでゐることが看取されるのである。

爲政者時代を分けて二期に區分することが出來る。

第一期……嘉永二年—安政四年（四五歳—五三歳）……元締時代

第二期……安政五年—明治元年（五四歳—六四歳）……藩政参與時代

第一期は元締、吟味役乃至は郡奉行をつとめた時代、方谷の政治的行績中最も多くの仕事をした時代で第二期は藩主と共に中央幕政にまで参劃された時代で形式的な仕事としては或は第一期に比し少ないかも知れぬが方谷生涯中この期程身命を賭して事に當つたことがない程急迫した問題を處理された時代である。第一期は背景が藩内に止つてゐるが、第二期は國內、時には國外にまで視野を擴大した時期である。何れにしても爲政者として活躍した時代であることは同一だ。

爲政者時代第一期（元締時代）

之は嘉永二年方谷が元締（會計長官、度支）を命ぜられ、吟味役（元締の副職）を兼ねしめられた年から安政四年、元締を罷めるまでの約八、九ケ年の間で方谷四十五歳より五十三歳に至る時期に相當する。方谷が元締となつた年は寛隆公致仕、間もなく卒せられて世子勝靜公の立たれた年である。藩政改革に思ひ切つた腕を振つたのがこの期で、嘉永五年から郡奉行まで兼務してゐるのでその政治的手腕も手廣く發揮されたのである。特にこの期間中最も力を注いだ重点は

一、財政改革の實施

二、文武両道の奬勵

三、農兵制度の樹立

この三点になるかと思ふ。

財政改革に就ては最も方谷の力を致した点で、從來財政困窮し負債は山積、江戶參覲の途上「貧乏板倉」の風評あり、方谷亦その点を察知してこゝに勤倹力行、殖產興業、外債主と折衝與復を圖り請うて穀祿を減するといふ率先振である。今その財政の一般を見るに

1、紙幣濫出物價暴落に對處し　　該紙幣買收燒却、新紙幣の發行

2、撫育局創設（紙幣局會計局と鼎立せしむ）　産業奬勵

3、鑛山採掘（哲多郡三室、吉田の鉄山、阿賀郡鑄長山の砂鉄、北方、吉岡の銅山等）

4、杉竹、漆茶の新植、煙草增殖、陶器增產

5、舟路開通

6、負債償却方着手（財政整理）收入支出ノ大計ヲ定メテ着々實行

7、貧弱村里の救濟（米金賦與）

8、貯倉設置　四十餘所、凶荒ニ備フ

といふやうに實に微に入り細に渉つた經濟政策を實行して見事其の實績をあげ、元締を罷めし頃には十萬金の負債を償却せしのみならず後遂に十萬の餘財さへ殘すに至つて居るのである。方谷の書狀、建白書等を集めた「魚水實錄」全卷の大部分が財政、經濟に關するものであることをみて如何に方谷が、この方面に政治の主力を注いだかを知ることが出來るのである。然しながらこゝに見遁すことの出來ない一事はかうした財政運營に當つて方谷が財政改革に教化政策を忘れなかつた点である。即財政を敎化政策から切離さないでその根柢としたことである。

方谷は云ふ「御勝手御取直と申儀は金錢取扱斗にて決して成就仕るものに無之、御國政の本相立　町在中取治め方迄相整候上ならでは御立直に至申間敷候」と財政を單に金錢取扱ひの上で解決せんとすることの愚なることを指摘してゐる。今其の一例として次の建白書を揭げる。

存寄申上候覺（山田方谷先生建白）

（前略）

一、御勝手御取直と申儀は金錢取扱斗にて決て成就仕ものに無之御國政の本相立町在中取治め方迄相整候上ならでは御立直に至申間敷候　御政事と御勝手は車の兩輪にて持合の者に御座候間別紙の通積り申上候ても御政事と喰違候ては迚も成就は不

仕候　乍去此儀は私共役外の筋に付力に及不申事も御座候間其節ば當御役御斷申上候儀も可有御座候此段前以申上置候事
一、申上候は嗚呼ヶ間敷候へとも昨年以來大任を蒙り候後愚案の及候丈は御あゆみ付掛け候へ共人間死生難斗尚又仕官の習何時退身轉役等可仕も難斗候　乍去私身分は如何樣退轉仕候とも御改革一條に付ては跡役の者へ屹度被仰付今般立掛候御あゆみ通無異變相貫候樣被成度奉存候　跡役の者私愚案よりは又一倍の宜敷考可有之候へ共立掛け候筋を替候へば諸事轉倒仕如何程宜敷事も大害と相成申候　たとへは家普請仕候もの半途にて宜考出來候迚致かけ候普請取替候へは材木諸品仕組皆打壞れ其費夥敷候前に倍增候宜敷家に相成間取造作等都合能くとも始終の不爲に御座候少々不都合にても致かけ候普請にて相貫候方爲筋に有之御勝手のあゆみも同樣の事と奉存候　江戸表におゐて武田右門より御改革と申儀は他事と違ひたとへ仕損候ても仕直に相成候ものに無御座と申上候事尤の事に奉存候事右は昨年來大任蒙仰候後日夜其事のみ苦心仕候へとも何分御借財高古借は扨置　新借斗にても八九萬兩も有之利金の出候迚九千兩より殆壹萬兩にも及候程の事に付迚も微力に難及御斷申上候はては難叶奉存候へ共思召の厚重に奉對種々危殆の工夫仕漸く右の處迄押付候へとも此上の處如何相成候哉難斗心痛の餘り右の存寄申上置候段不悪御聞置可被成下候　以上

亥四月八日（嘉永四年也）　　山田安五郎

三ノ嶋翁曰後年余が度支たるとき一ヶ年大凡五萬兩の收納なりし故に先生の改革されたるときは新借にても二ヶ年の收納丈け借りたるものと知るべし（魚水實錄前編十三頁參照）

方谷はかうして財政々策の一貫性を說き、統一性を說いてゐる。そして其國政の內容に就ては次の文献の如き參考になるかと思ふ。右の書より五年後のものであるがその大體を知ることが出來る。

「御國政は御年寄重役之所置次第に御座候得共、其內御勝手へ響候政事だけは荒增奉申上候」と述べて左の十ヶ條を具申してゐる。

一、節儉筋、益々御嚴重之事

一、賄賂筋、益〻御制禁之事
一、諸向勘定、益〻明白之事
一、町在之者、御用席重役へ妄に出入不致事
一、元締役、町在御用達へ直面會不仕事
一、奉行役、町在役人共へ直面會、是迄之通不仕事
一、文武の名目にて實用に不相成出方、一切御差止之事
一、御救拜借等御慈悲一切、實地御糺之上、公平に無之儀は一切御差止之事
一、御勝手に掛り候賞罰筋、御勝手役より申立候儀は無御棄置卽時に被仰付度、尤申立方不筋に相聞候儀は、卽時に御取糺愈不筋之儀は、其段御申聞之上御差止め、筋立儀に候はゞ、早速被仰付候事
一、產物交易開發生育等之筋は、格別に被成置、數年之後に成功を待、眼前之損益等外より申立候も、御動無御座事

（方谷年譜十七頁）

松山藩財政政策成功の裏にかうした努力が續けられてゐたことを見逭してはならぬ譯だ。節儉の奬勵・賄賂嚴禁・公平・實用の尊重等財政政策の基本態度を知ることが出來る。

方谷が財政・敎育・兵制諸般に渉つて勝靜公を援け、公と一體不離の關係に立つて政務の進行に當り、藩政改革に力めてゐたことは次の文献をみても明確に裏付けることが出來る。この箇條書によつて方谷が如何なる方面に如何なる注意と努力を拂うてゐたかを知るには貴重な文献であると思ふ。

方谷先生言上のヶ條書

松山表此節御急務

一、三席評議　　思召御入撰、事之輕重

一、御軍制　　砲術調錬、被官農兵
一、文武學制　　入費御定法
一、町在御政事　　手代同心申付方、町役村役人撰
一、御勝手向　　撫育方、産物方、札座方、人撰
右五ヶ條松山表御國事の大要務と奉存候　夫々役人は相揃居申候得共其中に實に身に引請委任仕候者一ヶ條毎に一人宛無之候ては思召の通張立申間敷候間其人を被相得候事今日の御急務と奉存候

文武両道の奨勵

常に教育教化を政治の上に強く考え之が具現に骨折つてきた方谷の爲政者時代を今期に於ける各種の指令や施設の上に見ることが出來る。勿論、藩主勝靜公の政治方針の蔭にあり或は表にあつて教化政策が順次實現していくのである。

嘉永四年二月公、文學奨勵の指令を出し、壯年の輩は猶吏、重役以下繁勤の者たりとも餘力の砌り有終館へ出席するやう奨勵し、猶武藝も此上とも精勵するやう述べ、文武不離の關係に於て修業することを申出てゐる。（日本教育史資料參照）（再出）

文學ハ士ノ可嗜第一ニ候得ハ是迄文事ニ志無之壯年ノ輩ハ猶吏ノ儀以來ハ勤テ學問可被致候追年文事ノ盛ニ被行候樣被遊度思召候間重役并其以下或ハ繁勤ノ面々タリ共餘力ノ砌リ有終館へ出席被致共々被心懸候ハヽ一統ノ勵且ツハ自然國風トモ可相成候武藝是亦專要ニ候條猶此上無怠慢出精可被致候古語ニモ文武ハ車ノ兩輪鳥ノ兩翼トモ有之乍去文ナキ武ハ誠ノ武ニ非ス只血氣ノ勇ニシテ眞ノ武道ニ非ス是等ノ處能々被心得修業可被致候事

嘉永四年二月十四日　　家老年寄連名

御家中衆

かうした指達によつて過去に於ける學問修業の不振を救ひ、國風の改善を圖らんと企てたのである。この案文が方谷の手に成つたものであらうことは各種の事情や文献から推して眞違ひはあるまいと思はれる。次の上書の如き之を裏づける好資料だ。

一、昨夏以來異國船防禦に付莫大の御軍用金御入用の處御改革以來少々御裕餘も有之尚不足の處は一時の操廻しを以御凌候へとも此後年々如何樣の騷亂に及び幾萬金御入用と相成可申も難斗奉存候　元來武備軍用の儀は武家の常御領分御收納は其爲に御取入の筋に候處年來一度の御出陣も無之武備御修覆等も多分不行屆に被成置候上は年々御軍用宛の分丈けは別段御積立に相成居候筋に相當り候處其儀無之のみならず御借財のみ相嵩み候は全體如何の譯に御座候哉　右の成來を以相考候へは御當家にては迚も武備に被成御用候程の御收納無之御事と奉存候　左も御座候へは此後俄に御收納相增可申儀は無之候間年々騷亂に及び幾萬金の御入用は何方より出可申候哉

昨夏武備御取調の始の節右の存寄御用席迄は申上是迄御積金無之候は此後の出方可有之樣無御座候間御軍用の儀は私共力に及不申候段一旦申上候得共尚又御内意も有之急場差掛り候儀に付先一通りの御仕度は相調候へ共此後の御用度は更に立不申候に付今般又々申上候　乍去右樣申上候へは先役の人々を誹謗仕候樣相聞可申候へ共更に其譯には無御座元來百年以來の御成行如此ものと相見へ近來の人々存候事も無之と奉存候

一、文武修練の儀毎々被仰出候へとも諸士の風俗兎角俗役に付繁勤に罷在候を晴の樣相心得文武稽古は若年無役の者又は不首尾に相成候者身分出世の爲に出席仕相應の役に御付候へは繁勤申立候て出席相怠り折節罷出候とも只外見の爲已にて眞實心掛候志無御座元來文武は修身の業に候處文者書物一通り相辨へ武は一流斗にても受候上は是にて相濟候樣心得候もの多分有之と奉存候　然るに是迄太平無事の時は相濟可申外夷侵入騷亂の時と相成候ては俗役に熟練いたし願書觸書の類役所向諸帳面を能取扱地方諸向を功者に取捌其外筆算達者に仕候ても其節何の用にも立不申何分にも文を學て古今の事跡に通し華夷の情態を辨へ治世安武の制度を相立武を學て攻守の法に達し戰鬪の術を諳し千夷萬狄をも打破り候程に才智勇略を蓄候もの多分出來不申ては今日の御間に合申間敷と奉存候　乍去俗役を重し文武を輕し候風俗諸士の骨髓に入候事故中々御教諭の文言少々の御賞罰位にて風俗入替儀は無之と奉存候　此御取直方如何被遊候哉

右の一條も諸士を誹謗仕候樣相聞候へ共是又一朝一夕の風俗には無御座候　尙又諸人一同の儀かく申上候私共も一同の風に連れ自然右の心得違に相成候事多分に御座候事と奉存候

右二ヶ條今日差當り候尤大急務と奉存候私共今日役向の儀富國强兵の道第一に相心掛可申の處前のヶ條相立不申ては富國の道は無御座候　後のヶ條相立不申ては强兵の道更に無御座候と奉存候　左候へは始終月度立不申役向相勤居申候ては恐入候儀に奉存候間無餘儀御斷申上別段才力の者へ被仰付候樣奉願上度奉存候　以上

（三島翁安政初年の上書ならんと）（魚水實錄前編二十二頁）

公は是を徹底させる爲にどんな手段をとつたか

昨年被仰出候文學ノ儀講釋聽聞ノ出席有之候得ハ壯年ノ向ハ輪講返講可被致候厚以思召文事御引立ノ爲メ有終舘御普請出來且句讀師中ニモ終日詰切り相成候得ハ猶又弱年衆中此上一段出精可被致候事

右之趣御家中衆へ各ヨリ可被相達候　以上

亥三月廿九日　　月番　桑野鎰

御目付中

この指達は前記の諭達について間もなく出されたもので、文武奬勵の爲有終舘の普請、句讀師の常設を先づ實行したのである。ついで出席奬勵については格別の苦心をしてその盛大を圖つてゐる。即、借上ヶ米の內現取五步方を年々指戻して之を學費に充ててやらうといふ親切さだ。そして一面文武出席帳を實施して修業を激勵し、遂には老弱に拘らず出席すべし、百石以上にて三十歲以下の者は殘らず是非共出席すべしといふ、敎育義務制にまで押し進めたのである。かうした指導精神が、前掲上書の文中に推進的原理として伏在してゐる點が讀出せないであらうか。少々の賞罰位にては風俗入替は困難だと述べた方谷の精神を見ねばならぬ。

諭達は更に時を逐うて進められていつた。

伊賀守勝靜筆寫

家來共へ

國勢ノ盛ナルハ士ノ正キヨリ起ル士風ヲ正フスルハ文武ヲ勵スニアリ去ル戌年改革ノ儀申付候以來諸士の風儀追々行直リ文武心懸宜敷者モ數多相見ヘ頼母敷ナルコトニ候然ル處年來困窮ヨリ心掛ノ儀モ思フニ任セサル者有心痛ノ儀ニ付今般借上ケ米ノ内現取五歩方年々指戻シ遣シ候改革以來何ノ間モ無之且臨時入用モ大數有之別ケテ勝手向有餘有之テノコトニハ非ス只文武ヲ勵ムノ一助ニ致シ遣シ益士風ヲ正シ國勢ヲ盛ニセントスル計ルノミニテ猶委細ハ難去譯柄有之候間家老年寄共ヨリ可申聞具ニ承之心得違致間敷モノ也

正月十五日　　周防伊賀守事

同

家老年寄共へ

文武ノ儀近來一統致精勤候段大慶存候猶留主中ノ所別テ出精有之樣致度就テハ各ニモ用閑キニハ外諸藝何成共一流ハ出席有之樣存候是迄文武共年弱ノモノ共致候儀而已ニ相成役付候ト自然用繁キ故哉多分廢棄致候向往々有之候繁勤ニテモ一藝位ハ心掛次第ニテハ稽古出來可申候以來ハ番頭始メ諸役々何レモ諸藝一流ツヽハ銘々得手ニ應シ出席可致候五拾歳ヨリハ身ノ強弱ニヨリ武藝出來兼候ハヽ有終館ヘ出席講釋聽聞可致候六十歳ヨリ勝手次第ノ事是迄文武出席帳六月十二月兩度ニ差出候得共以來ハ毎月改爾月分翌月十五日師範ヨリ近習頭迄差出候樣可相定候事

五月六日　　周　防

毎々被仰出候文武ノ道一統出精致候段ハ委細達御聽候得共中ニハ武藩稽古ニテ骨ノ折サル流義心掛ケ申譯ニ出席有之輩モ相聞ヘ文學モ同樣有終館出席モ五十歳以上身弱ハ武藝出來兼候衆中計リニテハ御趣旨難叶候間老弱ニ拘ハラス出席可被致候且當時ノ御模樣尚更ノ儀奉報御厚恩候時節至來ニ付十分油斷ナク實用ノ文武此上出精可有之事
右之趣御家中衆ヘ各ヨリ可被相達候　以上

十二月廿二日　　月番　　金子外記

御目付中

文學ノ儀ハ國家第一ノ儀ニテ高祿ノ者ハ別テ心掛無之テハ不相成義ニ候是迄トテモ段々御世話モ被爲在候得共猶又今般一際御引立被成候尊慮ニ候得ハ以來有終館會日百石以上ニテ三十歳以下ノ者ハ不殘是非共出席可致候高以上モ（五十石以上ヲ高以上ト唱フ）準之成丈ケ出席致シ高以下ノ者幷三十歳以上ハ勝手タルベク候得共心掛ケ出席致スニ於テハ一段ノ事ニ候

右舘内ニ學寮取立句讀師ノ内人撰一ヶ年入寮被仰付朝五ツ時ヨリ夕七ツ時迄夜六ツ時ヨリ四ツ時迄相詰メ内一人宛泊リ番相勤メ詰中一人扶持幷炭油等被下候事

句讀師外ノ者モ入寮相願候者ハ人物取調ノ上同樣被仰付候事

右ノ趣御家中衆へ各ヨリ可被相達候　以上

十月朔日　　　　　　　月番　金子外記

之等の指令を見ても分るやうに館舍の普請、句讀師の終日勤務、奬勵米の實施、出席帳記入、後には出席の强制といふところまで進めてゐるのである。

ここで注意すべきことは矢張り出席の强制である。最初學問奬勵は一般的な指令に過ぎなかつたが、後には「繁勤にても一藝位は心掛け、銘々得手に應じて出席する」やう申出で「是迄文武出席帳六月、十二月兩度ニ差出候得共出來れは毎月改、前月分翌月十五日師範ヨリ近習頭迄差出候樣可相定候事」と指達してゐる。そして更に「以來有終館會日百石以上ニテ三十歳以下ノ者ハ不殘是非共出席可致候、高以上モ（五十石以上ヲ高ト云フ）準之成丈ケ出席致シ高以下ノ者幷三十歳以上ハ勝手タルベク候得共心掛ケ出席致スニ於テハ一段ノ事ニ候」と明かに出席を强制し就學を促してゐる。

是、實に敎育の義務制施行であつて、又成人敎育の强制的管理ではないか、我々は初等敎育の國家的管理はよく耳にするが成人敎育の國家的管理・就學の義務制は異とするに足るのである。寛文八年の昔、我池田光政公が「差て事闕き不申者の子供を月十五日手習所へ爲詰申度、右の者共は年長候得ば皆公用を勤る者共にて御座候、左候得ば物書算用不仕候て不叶儀に御座候間此皆被ニ仰聞一望不申候共手習所へ御出し可然存候、尤年寄百姓の內、小身にて子供手習所に出し勝手迷惑仕る者は無用に仕度候、小百姓の內にても手習所へ出し度と望候者は望次第に仕度存候事」

と藩內百二十三ヶ村に各一校宛の手習所設置を命じ、庶民の子弟を敎育せんとしてこゝに子弟に敎育の義務を負はせて出席を强制せんとした事實と思ひ合はせて實に愉快な對比である。寛文八年と云へば今を去る二百六十年の昔だ。初等敎育の國家的管理を斷行したこの事實は世界敎育史上特筆さるべき事實であると思ふが、南北相對應して時代は百八十年を隔つと雖も光政公を輔佐する蕃山、永忠に比すべき方谷が勝靜公を輔佐してこの擧があつたことはまことに興味深いことである。

（出席强制論に就ては第五章敎育方法の節にも再說する）

かうして文學奬勵の爲にとつた敎育施設は

1、第一は有終館の內容充實・就學奬勵（前記の通り）

2、江戶邸內學校（江戶藩邸學問所）の振興

嘉永四年脇田全三（號琢所）を其會頭に命じ、翌五年學頭に上げ、學規を改正す、邸學是より振ふ

3、敎育を單に城下の士に止めず、汎く封內に及ぼす（庶民敎育奬勵）

市區　舊松山、鍛冶町……敎諭所
地方　舊松山領賀陽郡野山……學問所
仝　玉島……敎諭所
仝　八田部……敎諭所

之等の敎諭所、學問所には民間の學藝ある人を選んで之に扶持を與へ、敎授せしめてゐるがその爲、庶民敎育の向上に盡した力は大きいものがあつた。勤王の士原田亀太郎の如き其一人である。

4、家塾牛麓舍の經營は元締就職以來多忙をきはめ、方谷自ら子弟を敎授する能はず、三島中洲（貞一郎）に代理させてゐる

たが嘉永五年中洲が伊勢に遊ぶ爲去つてからは書生離散してゐる。

5、屢次布達の文武奬勵の指令によつて注意を喚起した。

元來敎諭所は成人若しくは青年を敎化し、風俗を改善し、生活を向上せしめんが爲に常設せられた江戸時代に於ける社會敎育機關である。多くは鄕學を兼ねてゐて月二、三回乂は六回位迄、定日を定めて日常卑近の生活心得や人倫道德を說き聞かせたもので其他農商の子弟に素讀・習字を授けたり農閑期巡回講義をもしてゐたのである。日本社會敎育史上に重要な一頁を占める我が美作久世の代官早川正紀によつて建てられた典學館、敬業館（笠岡）遷善館の如きはその最も早き代表者で寛政期の設置で時代に先驅してゐる。後、倉敷明倫館（天保五年、古橋新左衛門創設）津山敎諭場（天保十二年、稲垣武十郎創設）の如き特色ある敎諭所が隣藩に興つてゐるが松山藩の敎諭所も安政前後各所に建設されて一般成人敎育に努力したことは全國的に見ても岡山縣敎育史からみても庶民敎育史上の一異彩とせねばならぬ。

參考までに「日本敎育史資料」掲載の關係記事を示してをく。

〇江戸邸內學校

校　名　單ニ學問所ト唱ヘ或ハ有終館トモ稱セリ

校舍所在地　江戸外櫻田邸內

沿革要略　藩主伊賀守勝靜以前已ニ學校ノ設ケアリト雖モ舊記ノ存セサルヲ以テ記スルニ由ナシ勝靜代藩士脇田金藏狩野東吾等ヲ擢ンテ或ハ赤川二郎等ヲ聘用シテ前後會頭トナシ大ニ學事ヲ奬勵ス安政元年江戸大震シ校舍敗壞ス依テ其明年新ニ校舍ヲ外櫻田邸內ニ建設ス尋テ川田剛等學頭タリ後藩主幕政ニ參與シテヨリ其邸第屢移轉セシヲ以テ校舍モ亦所ナシ

敎　則　概ネ藩學有終館ノ例ニ同シ

學科學規試驗法及諸則　前仝斷

職名及俸給　文武總督　文武目付　學頭　會頭　句讀師　該調ハ總テ維新前ニ係ルヲ以テ役扶持ナシ但シ年末ニ精勤ヲ賞スル

ノミ

職員概數　教員六人　小使壹人

生徒概數　素讀讀生二十人　講義生十五人但シ自費ヲ以テ寄宿スルハ隨意

束修謝儀　無之

學校經費　總テ藩費ナルヲ以テ不詳　學費ヲ藩士ニ賦課スル等ノコト無之

藩主臨校　藩士臨校講義聽聞等ノコト有之

祭　儀　祭儀行ハス

學校構造及建物圖面　地坪凡六十二坪半　建坪凡十九坪半　建物圖面別紙ニ添フ

學校ニテ出版翻刻セシ書籍目次及藏書ノ種類部數　出版翻刻ノ書籍無シ戊辰ノ亂藏書目錄等紛失シ且藏書モ亦一ノ存スルモノナシ

○校名　野山學問所

校舍所在地　舊松山領内賀陽郡西村

沿革要略　藩主伊賀守勝靜代安政年中藩士ノ貧シキ者ヲ此地ニ移住セシメ田ヲ墾シ兵ヲ練ラシム（詳ナルハ山田安五郎碑文中ニアリ）依テ安政四年初メテ學校ヲ設立シ文武ノ道ヲ講セシム

教　則　專ラ藩學有終館ノ則ニ依ル

學科學規試驗法及諸則　前仝斷

職名及俸祿　文武總督　文武目付　學頭　會頭　句讀師　該調ハ總テ維新前ニ係ルヲ以テ役扶持ナシ但年末ニ精勤ヲ賞セラルノミ

職員概數　教員五人但内一名ハ藩學有終館會頭ノ内順次交番ニテ十日ツヽ詰此詰中ハ壹人扶持ツヽ給與セラル　小使壹人

生徒概數　三十名內（自費寄宿生十名但油炭代等ハ藩費）
束修謝儀　無之
祭　　儀　祭儀ヲ設ケス
學校構造建物圖面　地坪凡九十二坪、建坪八十二坪、建物圖面別紙ニアリ
學校ニテ出版翻刻セシ書籍目次及藏書ノ種類部數　出版翻刻ノ書籍無之藏書ハ別ニ無之總テ藩學有終館ノ書籍ヲ使用ス

〇校名　敎諭所

校舍所在地　舊松山鍛冶町
沿革要略　本校ハ舊藩卒ノ子弟及平民ノ子弟ヲ敎授スルカ爲ニ設クルモノニシテ舊藩主板倉伊賀守代安政二年ニ創立シ慶應三年ニ至テ廢セリ
敎　　則　本館ハ藩學有終館ノ附屬ナルヲ以テ敎科用書及授業ノ方法等總テ有終館ノ則ニ仝シ時間ハ朝五ツ時ヨリ九ツ時マテ舊藩卒ノ子弟ヲ敎授シ（敎授方最初ハ有終館句讀師ノ内ヨリ輪番ニテ出席敎授セシガ後藩卒ノ內ヲ以テ敎授方ヲ命ス）九ツ時ヨリ八ツ時マテハ市中ノ子弟ヲ敎授ス（敎授方ハ市中ノ平民ヲ以テス）又一ケ月兩日有終館會頭敎諭掛リ進𦙾山林富太郞ノ兩名輪番ニテ出席老弱ニ拘ハラス平民ヲ會シ小學論孟等ヲ題トシ字句ニ拘ハラス人倫ヲ本トシ孝悌忠信ヲ敎諭ス
學科學規試驗法及諸則　學科ハ漢學トス　學習年限ナシ　春秋兩度ノ試驗及月日評等ハ有終館ノ則ニ仝シ
職名及俸祿　敎授給料二人扶持　助敎無給　右ハ總テ維新前ノ調査ナリ維新後ハ無之
職員概數　敎員八人　事務員四人　小使一人
生徒概數　通學生八拾人　寄宿生ナシ
束修謝儀　無之
學校經費　一周年ノ經費凡金五拾兩內外トス（但村內有志者ノ出金ニ係ル）

藩主臨校　藩主封巡視ノ際臨校シ或ハ臨時重臣ヲ以テ臨校セシメラルヽコトアリ

祭　儀　聖廟ノ設ナキヲ以テ記スヘキコトナシ

學校構造及建物圖面　地坪五十五坪二合五勺　建坪二十三坪二合五勺　建物圖面別紙ニアリ

學校ニテ出版翻刻セシ書籍目次及藏書ノ種類部數　出版翻刻セシ書籍無シ藏書ハ四書五經小學孝經日記故事等若干部アルノミ

（但村内有志者ノ寄附ニ係ル）

〇校名　初メ敎諭所ト稱シ後成章村校ト稱ス

校舍所在地　舊松山藩領内賀陽郡八田村ニアリ即チ現今總社村小學ノ地

沿革要略　藩主板倉伊賀守時代嘉永年間仝村神官池上多門ヲ以テ敎授トシ仝人居宅ニ於テ假リニ學校ヲ開設シ守政元年ニ至リ初メテ新築ス

敎　則　孝經四書五經日記故事小學國史日本外史十八史畧等　素讀ハ毎朝五ツ時ヨリ九時マテトシ講義ハ總テ午后トス又夜學ノ課ヲ設ケ農民ノ便ヲ以テ敎授ス

休日ハ朔日十五日節句氏神祭日

學科學規試驗法及諸則　漢學ヲ主トシテ傍ラ算術筆道ヲ授ク　學習ノ年限ナシ　試驗ハ毎年一度藩學有終館ニ於テ素讀講義等ノ試驗アリ又臨時藩學會頭巡回試驗シ優等ノ者ヘハ袴着用ヲ許サレ或ハ書籍等ヲ常與セラル

職名及俸祿　監督（村内ノ用達ヲ以テ之レニ充ツ）無給〇敎授、助敎　士族ハ固ヨリ定祿ノ外役扶持等無ク平民ニ於テモ亦無給ナリ只年末ニ賞與アルノミ

職員概數　敎員拾二名小使壹名

生徒概數　卒ノ子弟ハ三拾五名内十名ハ講義生餘ハ素讀生平民ノ子弟ハ三拾名盡ク素讀生

束修謝儀　束修謝儀共ニ無之

學校經費　總テ藩費ナルヲ以テ不詳　學費ヲ賦課スル等ノコト無之

藩主臨校　奨勵ノ爲メ藩主ノ臨校セシコトアリ然レトモ其概狀ノ記スヘキコトナシ

祭　儀　祭儀ノ設ケナシ

學校構造及建物圖面　地坪八拾三坪三合　建坪貳拾五坪　圖面別紙アリ

學校ニテ出版翻刻セシ書籍目次及ヒ藏書ノ種類部數　學校ニテ出版翻刻セシ書籍無之　書籍ハ有終館藏書ノ内ヲ使用ス

武道奨勵の爲にとつた教育施設は

文武兩道を唱へる教育政策からは別に學問と武術といふやうに切離して説明することは無理であるが特にその施設の顯著のものを述べるならば

1、有終館邸内に劍槍の二道場を設置し、師範家が之を教授する。

2、武者修業者に協力する（修業者、姓名錄を作り題言を方谷に請ふ）

安政二年八月………横尾憲藏、水川圓藏（槍術を角す）

〃　三年九月………野島鉄太郎、吉田文二郎、森川安三郎、辻光太郎

其他（年次？）………村上堤、熊木百太郎、團藤善平、井上謙之介

3、水泳術傳習

公、津山藩士植原六郎左衛門を聘し水泳術を藩士に傳習せしめられたので六十歳以下皆其術を講習した。

武道奨勵が結局農兵組織の基礎にもなつてゐたであらうことは推察に難くない。

農兵制度の樹立

方谷が郡奉行になつたのは嘉永五年（四十八歳）である。地方教化・地方救濟に就て特に關心を持つて從來の政治へ一層の努力を加へたのはこの頃からであつたと思はれる。盜賊の取締・貧困村里へ米金賦與・四十餘所に渉る貯倉設置・地方學問所

教諭所の開設等相當多くの而も適切なる施設が地方を背景に經營されたことが目に立つのである。こゝに教化・教育事業とは直接的關係はないが農兵制度を起した点は特異の点であらう。松山藩は封内山間に僻在し、東西は數里に過ぎないが南北は二十里にも近い邊境をもつてゐるのでその守備甚だ困難である。そこで方谷は里正の壯者を選んで之に銃劍の二技を習練せしめ帶刀を許し里正隊を編制したのである。そして次には封内の獵夫壯丁を集めて、銃隊を編成し里正にその教導を擔當せしめ、銃器・彈藥を給し、農閑期を利用して西洋銃陣を教へ、毎年一度は必ず城下に集合、團体教練を實施し不慮の難に備へたといふ。

蓋し方谷が文武両道を唱道し、武藝の習練を奬勵するに就ては武藝練習の目標を古來の日本武道・日本戰法に止らず、進んで洋式戰法に求めたことは進んだ考え方と云はねばならぬ。方谷は之より先弘化四年（四十三歳）四月、自ら請うて津山藩に遊び、仝藩々士天野某が高島四郎太夫の指導を受けて歸國したことを聞いてその傳習を仰いだのである書は某について臼砲・忽微砲・及銃陣の大要を學び、夜は有志者の爲古本大學を講じ、凡そ月餘にして歸り直ちに二砲を製作して一藩に傳授し藩軍政の改革に着手したことが見えてゐるから（年譜十一頁參照）方谷の着眼は早くから洋式戰法の實施にあつたことが肯定されるのである。

農兵制度の樹立は、兵農の別を撤廢して國民皆兵の主義にのりかへた明治五年の徴兵制度の先驅をなせるもので封建治下階級制の喧しい時代、思ひ切つた企てと云はねばならぬ。こゝに農兵制度を教育活動の一面として掲げたのは順序上であるが唯武藝練習の目標としての農兵制度を見る要があると思つたからである。

以上の如く爲政者時代第一期の教育活動は教化政治としての形態をとつて强力に藩治の上に具現されていつたのである。

### 爲政者時代第二期（藩政參與時代）

之は安政四年方谷が元締を罷めた翌年即安政五年から政務の一切から離れて長瀬に引退した明治元年に至るまでの十一ケ年で方谷五十四歳より六十四歳に至る時期に該當する。是より先、安政三年公は寺社奉行として擧用され中央幕政に參與することととなつてこの頃より方谷の意見が公を通じて幕政に反影することとなつてきたのであるが、第二期の初頭、安政五年には公故あつて寺社奉行を免ぜられ翌々年（万延元年）には一旦、公は歸國されてゐたものである。然し偉賢いつまでも野に埋れず再び公は寺社奉行に出馬（文久元年）となり、ついで老中となつて（文久二年）外國事務を所管する身となり、或は長州藩處置の事を執掌し、更に後には幕府會計總裁として活動せられると云ふやうに（慶應三年）公の政治は幕府の政治、我國の政治となつてきたので方谷はこの間、幾度か江戸又は京師を往還して公の諮問に答へたばかりでなく、且多少の弛張はあるが藩内の政治に就ては一層責務を感じてその充實に參劃することとなつたので方谷の活動は舞臺を擴げ、視野を展開しそれだけ眞劍味を增してきた譯である。この期間中方谷は万延元年再び元締となつてゐるが翌年には辭任してゐるやうな次第で專ら責任ある地位に立つて藩政に參與したのである。觀方によれば此時代を幕政參與時代とも云ひ得るであらう。

この期に於ける方谷の活動は敎育家としての活動といふより純然たる政治家としての活動といつた方が適當かも知れない。然し前述の樣に方谷は政治と敎育とを一元的に取扱つた人であるから政治活動の中にも敎化的活動が表裏をなしてゐることは勿論である。

然し方谷の活動に於て強いて政治と敎育とを分離して兩者に比較的に濃度高きものをより分けて前者を政治活動、後者を敎化活動とするならば次の樣な業績を見出し得るかと思ふ。

一、政治活動（對外政策への努力を見る）

1、大陸經營への着目、考究　　2、幕末國論への對策、論究具申

3、幕末松山藩歸趨の善導　　4、其他庶般の改善

二、敎化活動

1、文武の奬勵擴充改革　　2、洋學採用の考究

3、獄制改革の考究　　4、嗣子深卿君の敎育

方谷の政治活動中最も今日からみて異彩を放つてゐるのは大陸經營へ着目してその考究をやつてゐたことである。其所論の雄大にして且時代に先驅せる点、まさに驚嘆に値する点、前章「政治家としての方谷」の項に詳説してをいたからこゝでは省略するがかゝる論究を頻りに行つて公に建白してゐたのが今期であるから方谷の眼界が一小藩に止らず、我國の將來を見透してゐるのであるから非常に擴大されてゐるのである。「國」といふ觀念が今や一藩より日本國家へ擴張されてゐることである。

幕末國論に對する論究と具申は幕政に參與せる勝靜公の輔佐役として當然とは云ひ乍ら各種の事情を參案し、緻密な論究思索を以て公に應へてゐたのである。開港論あり鎖國論あり、尊王論あり攘夷論あり、沸騰せる幕末の國論に對處して公をして謬りなからしめんと努力したのである。その三、四を記すならば

1、諸藩割據の深弊簇生を憂慮して松平總裁に論ず（告諭書二千餘言）文久二年

2、開鎖両論に關し公に意見を上る（文久二年）

3、幕末尊王の士に對し暗補冥助を與ふ（藤森大雅の宽罪、大橋順藏の出獄、頼三樹三郎の倒碑再建、水藩正義黨の屍の埋葬、春日潛庵の減刑運動

4、攘夷實行に關し再三、公の爲上書す（文久三年）（年譜二十六、二十七頁参照）

5、對馬宗氏の爲征韓の方略部署を起草す

6、征長の役、藩の留守の全權を委任され鄉兵を指揮す（元治元年慶應元年）

7、長藩存置に對する公の密書に答ふ（三箇四千餘言の列陳、慶應二年）

又、幕末松山藩の歸趨に關しては

1、公を通して幕政參劃に謬りなからしめんとしその諸問に答へしは勿論なるもその進退に就ても屢々言上す

2、將軍大政を奉還、鳥羽、伏見の戰あり、鎭撫使岡山藩老伊木若狹朝旨を奉じて來り罪を問ふ、その際一死報君の決意を以て藩を大逆無道の名より脫せしめ、藩論を統一して事なきを得せしめた

又難を避けて各所に流寓しつゝある公及び公の庶公子黍山公の迎還の計をなすかゝる政治活動の中に方谷が死を覺悟して事を處斷した態度はそのまゝ人々を納得せしめ敬服せしめずにはをかなかつたであらう。

方谷の此期に於ける敎化活動は前期の延長であつて特筆すべきものがないが注意すべき点は洋風の採用、洋學・洋制の必要を悟つて之を敎化政策の上に應用せんとしたことである。

文武両道の奬勵に當つては下役のものを通して行はしめてゐた。武術修業者も相變らず現れ、方谷の序をもつた英名錄が續けられて居る。慶應三年九月洋制を參酌して文武諸政を釐革し、三島中洲奉行格に陞り、且洋學總裁を兼ねさせて居る。洋制洋學の採用に就ては早くより方谷の企圖してゐたことで方谷自ら津山に遊び大砲製作及び西洋銃陣を學んだのは弘化四年で方谷四十三歳の時である。それが十年後の安政五年には長州藩士久坂玄瑞をして驚嘆之を久しうせしむる程に洋式敎練が進歩してゐた。

洋學に關しては「洋學之儀、御近國追々大開之趣にて昨日も權兵衛（後の井上雅彦）咄に承候へば備前などは己に洋學所御取立にてそれ〴〵科を分け候て稽古致させ候由、右に就ては西洋之事、一番に早く始り候は御當方にて候處今日と成候而は、外より大後れ、一向に開け不申國と相成候、全く近年油斷致候故と存候、後れ乍らも此上誠精致候外無之奉存候」と熊田恰に書を寄せてゐるが遂に慶應三年九月の文武諸制の改革となり、洋學總裁もおかるゝに至つたのである。

遊學者に就ても特に留意し、方谷の養嗣深卿君も東遊し三島中洲翁を昌平校に送りなほ子弟數人（前田謙太郎、東謙次郎、野中米太郎、松井道太郎、塩田虎尾）從行をみるに至つてゐる。中洲翁は歸藩後（文久元年）有終館學頭として督學の任に當つてゐる樣に人事の交流發展を圖つてゐる。この間に當つて方谷が絶えず中樞部にあり、或は顧問格となり或は當事者となつてその相談に預つてゐることは勿論である。

左に掲げる文献は方谷が神戸一郎、進昌一郎、三島貞一郎に示したもので學校經營に當つて理財の必要を說き、創業守成に

對する說をなして三子の參考に供してゐる（後出參照）

方谷がかゝる政務にたずさはり、所見を披歷するに當つては全く献身的で

「余や近日病衰益々甚しく骸骨を乞て山林へ歸り麋鹿ょ遊び木石と伍せんとするの身にしてかゝる事を闘り知るべきにあらず、然れども纔に其談を聞て憂國の情再び動き此說を出して窃に之を贈る」（文久癸亥（三年）夏六月神戶謙二郎大阪にて敎を乞し時理財を論して送別せし文）

といつた樣な態度で、生活其のまゝが敎育であつたと云つてもよいのである。

俗牘一篇理財の事を論し學校の政に及神戶一郎子に贈る併進昌一郎三島貞一郎二子に似す

前畧

扨又余の職を轉せしより三年間は過半山林に幽棲して時事は成んたけ耳を塞て聞かさりしが去冬より己を得さる事ありて再出て職を視るに時大に前と異にして彼春夏已に過て秋氣方に至るかと疑はる、それ事小なれば時も亦速なり、天下の事百年にて變すへきは一國の事十年不可待且夫余の事を處する時至れば事生す、事生すれば情自ら動く、情の動くに從て其事を爲すのみ、故に前八年職に在るや其情創業のみに動て守成の事は思ひもよらす、今や其情の動く自ら別なるは是則其時至り其事變するの兆にあらすやと思はる、されと情の動くに眞あり妄あり余の近日老朽病衰百事悖戾のみなれば此亦妄動を認て眞とし夏また往かざるに秋已に來れりと思ふならんか、たとへ眞動にても此衰朽にては一事も親ら執て成す事能はす、いつくんぞ能守成變革の任を擔當せんや、唯後世の英才俊傑を待つのみ、此頃一郎神戶子新に學職より出て理財を檢するの職に蒞み且舊職をも兼ね一夕來て余が長瀨の山居を訪はる、余病床を離れて閑話終宵其平生國事に忠實なるを感じ且つ年方壯にして爲す有るの時なるを喜ぶ、因て創業守成の說を擧て御改政以來理財の大概を論陳し且余か情の動く眞か妄かを質し問ふ子の同僚進子（昌一郎）も亦同學同志の英俊なれば希くは此一篇を同觀して彼眞と妄との判斷を同示せられん事を若又學校の政に至ては余か關する處にあらすといへども子は其職を兼るのみならす守成の時に當て不可無之要務なれば旁これに論及せん

それ學校の設、禮樂の備、文物燦然たるは守成の全備せるにて可崇可敬事なれども禮樂は百年にして興の理ありて西漢は孝武、我幕朝は憲公に至て學政始盛なり、されど盛は衰の始なればこれを興すもの心あるべき事なり、孝武の時も憲公の世も國家人物の元氣は已に創業の日に及ばざる處あり、此尤不可不省事ならむ、且今日守成の施爲順序を以論すれば前に論述せる處の理財の數件尤急務にして此等の事未だ整されば學校の政にも難行届事あり、是亦緩急の別なり、雖然學校の政の盛なるを願はざるにはあらず、たとへば春耕秋穫事已に畢りて國倉皆盈而後衣服を製し、飲食を供し鬼神を祭り賓客を饗り禮儀翼々一家翕然たらん事を希ふのみ、今の督學三島子（貞一郎）亦同學の傑出又可希は此篇を同觀して守成の業を益全せん事を至願々々

文久辛酉秋八月

（本書は方谷先生より神戸一郎氏へ與へられたる書にして進氏の保存に係る）

方谷がその甥（後、養嗣とする）深卿君に對する教育に就てもまことに意を盡してその指導を怠らず、養子となつてからは特にその指導も厚く東遊せしめて修業を圖り（萬延元年）又その修業に就ても書を寄せ昌平黌を卒へた次年は槍術を修め、次年は砲術を學び、總て五年にして成業すべきを命じ之に「修業五ケ條」を授けるといふやうな態度である（文久元年）。文久三年深卿君が雜感十律を江戸より寄せると之に復書して「妄に慷慨之文詩など作候事無之樣致度候……近來書生時事を妄論致候類は決而聖學之本意に無之候」と中を執り正に嚮ふべきを戒めてゐる。特に最も注意を惹くのは長州征伐に當り出征せんとする深卿君に對し「戰陳の說」を作つて之に贈り死生の覺悟を教へた点である。

耕也今汝行矣乎。予贈汝以戰陳之說。古人有言。臨戰欲生則死。欲死則生。此其實地經驗之言矣。然予也嘗謂苟信斯言以欲死乎。未免有欲生之念。與夫欲生而死者。其間不能以寸。不如生固不欲。死亦不欲。脫離生死二者。而欲合於忠義也。雖然忠之與義。有職有分。今汝之職分在於能打砲而已。在於能殺敵而已。則臨戰之日。念々在茲。而不交以他念。他念纔交。非所以合於忠義也。非所以脫離生死也。而況於有欲生欲死之念乎。予雖未經戰陳。而用心於脫離生死之學也久矣。故居常以嚮所學之言爲未盡也。今也臨汝之行。書斯說以與焉。使汝驗之於實地矣。汝若得生於生死之外而歸乎。則將質斯說之當否也。上

勉旃。

公廣島到着後方谷は深卿君に復書して曰ふ

其地第一の飛報、一昨夕長瀬へ達し、書面致披見候、先以君上益御機嫌好、去る九日被遊御着輦候由、誠に以恐悅至極之御儀奉存候、着早々何事も分兼候段尤に候、御總督無程御着に候はゞ萬事可決候、愈御押寄と相成候はゞ手始之一戰尤大切之事、必々不覺無之樣相祈候所謂初陣之功名此時に候、乍去せき込候而は眞之手柄は出來不申ものと存候、閑々地中に活潑々地有之事、第一の心得と存候、第二報には何事も分り可申と日々相樂み相待候

こゝまで家庭教育が行き屆けば、教育も目的地に到達してゐると云つてよい。「臨戰欲生則死、欲死則生」と、まことに生死一如の教育である。

社會教育の方面で特色と思ふのは獄政改革に關する考究である。

方谷は單に一般民の教化の向上を願ひしのみならず、獄中教化の必要を感じ、進んで其の改革に着目したのである。方谷によれば獄政の事、和漢とも西洋に及ばず、西洋に傚つて改革すべきを述べ、刑官先づ根本の道理を悟るべきを說き、且その人選の必要を語つてゐる。乃ち佛教に於ける善惡不二、洋教に於ける五族皆兄弟の精神に立つべきを云ひ、仁政の基本精神に持ち來さんとするのである。そして獄中經營の方案として、清潔・禮儀・神佛禮拜・時間生活・長幼の序・惡事談話の嚴禁を强調し、特に永年囚徒の取扱に關しては注意し、單なる敲拂の如きを謹み、最も力を敎化に致し、その中成績顯著なものは數人宛出牢せしめ生業附與の指導を加へて順次に出牢の者を見習ふ樣せしむべきことを舉げて居る。

當時としてかゝる意見をもつてゐたことはまことに卓見といはねばならぬ。

獄政改革意見書

獄政一件西洋に傚ひ改革可有之由尤至極の事公儀獄政の事も兼て内々申上候事有之候へ共終に不被行和漢共西洋に不及は尤此一件に候處今般改法有之候はゝ御仁政の第一と存候に付左のヶ條試に申述候

一、獄政を正さんとならば刑官たる人先づ根本の道理を悟り可申、佛門にては善惡不二の眞理より華嚴行願品に有之諸衆生因其積集諸惡業故所感一切極重苦果我皆代受と有之文を會得し又は洋教の五族皆兄弟の大道より耶蘇の世界萬民の罪に代り磔罪に遭し事を感得しこれを根本として下役同心共の中にて仁愛ありて理に明なる者に此根本を懇々說得し獄中掛役を可申付事

一、獄中を敎化する事西洋の方にて第一の主意なれば此等にても先づ敎師を撰ぶへし、其人は出家中に智識あるもの又は心學に長たる俗人にても數人撰み出し其役を申付隔日位に獄外迄行き懇々講釋敎導の方を盡さしむへし

一、獄中を清潔にし囚徒は各手業を勉めしむるは西洋書にも見へたればこれを主とし其外獄中にても禮儀を正し先づ朝夕神佛父祖を拜禮せしめ起臥も時を以て嚴重にせしめ長幼の序を正さしめ第一囚徒互に惡事の咄を堅く禁し、此法に背くものあれは早速獄を引分け別に困苦せしむるの仕置あるへし

一、永牢囚徒は又別段の者にて多年間に敎化次第にて隨分善良に變すへし、只是迄の通大抵年數を追ひ、國家慶恤に托し赦拂等に行ひ候樣の事にては變化するものあるへからず、彼も已に其拂はれを期し居在獄中より種々惡事の講究のみいたし置拂はるゝやいなや直に大惡を働く事永牢囚徒の習はしと成悲むへきの甚しき也、されば此徒に限り別獄を設け尤敎化に力を盡し年數に拘らす敎師の鑑定掛役の評議を以て其中第一に變化したると思ふものを一二人つゝ出牢せしめ獄中にて手業の積財を與へ元手にせしめ又は荒田など墾しめ農業に不得手の者は相當の業を與へ試に一兩年を過しいよ〳〵、變化相違無之ものは歸村又は新百姓に可申付其中に如何の者は又歸牢申付る事も可有之右相濟候上は又其次に變化の者を一兩人出牢せしめ右の通に同樣いたし遣し次第に前出の者を見習ふ樣にせしむへし、尤其始は鑑察を嚴にし万一逃走いたすものに早速に捕へ來り重懲の法あるへし

永牢は元遠流の代りに申付る法なれとも終りは右に云ふ通り又世間に出しめ一層の惡を働き横行せしむるに至る、又拂ひ候時、御領分又は近國御構なとの法も天下の公道にあらず、因て此一件には兼て愚案もあれども事多く且今日俗夫の承知

すへき限にあらず、西洋の法實に行はれ前文にいふ根本さへ明なれは自然に行はるゝに至るべし

一、法刑所のものも此獄政に準し教化の良法あるべし、此法に於ては元より教化の爲に設けし法なれとも其法疎略にして益なきのみならす却て互に悪事を講明し、歸村の上更に一層の悪を長するに至る、これを教ゆるの法尤心を用ゆへき事とおもふ

（三島毅曰、此書は舊藩の郡奉行にて此議あり先生へ相談したる返書ならんか、吾等一向聞かざる事なり、頃は元治より慶應の初年ならんと）（魚水實錄前編四百頁）

社會教育に於て囚人教化は其の最も困難な一であるが、方谷がよくこの点に着目してその改善を企圖せんとしたことは、社會教化に對する識見の非凡なる点を現はすもので教育家としての方谷がここにもその面目を十分に發揮してゐることを知らねばならぬ。

方谷を單なる爲政者と見ないで教化の上に政治を結合させた教育政治家だと見ようとする点もここにある。

## 第四節　教育專念時代（六五歳—七三歳）

教育專念時代と名づけたが之は方谷の晩年で、六十五歳から七十三歳に至る九ケ年間である。時は明治二年から永眠の明治十年に至る期間で世は御維新、明治初期に該當する。

この期間は一切の政務から離れて專ら後進の教育に從事した時代である。この期間中、健康は必ずしもよくはないが寧ろ老弱といつた方が近いかも知れぬが方谷の活動は主として「教育」に向つて注がれて居る。意氣込に於て前期（爲政者時代）に或はやゝ劣るかも知れぬが教育に專念したのは當にこの時代である。この時代に於ける教育活動は

一、長瀨塾の經營

二、小阪部塾の經營

三、閑谷黌の再興

四、鄕學・知本館・溫知館の開講

等をあげることが出來る。

㈠長瀬塾の經營

明治元年は松山藩にとつては重大時機で、鎭撫使より謝罪書を徴せられるといふやうな問題にぶつかつて一死を覺悟した年である。萬事を處斷して藩をして事なきを得しめ、長瀬に退いたのであるが幕末の餘燼なほ濛々と殘つてゐた際である。然し方谷はこの年を最後として翌二年より專ら後進を教育し國家他日の用に供せんとしたのである。この年松山は高梁と改稱し勝靜公の庶公子黍山公（勝弼）に先封五分の二を賜ひ先祀を受けしめ、ついで之を高梁藩知事に任命されること、なつた。公は屢々長瀬の草廬を訪ね經義及び政務を問ひ弟子の禮を取られたのである。方谷はこれより世事を斷ち教育に專念せんとして塾舍數棟を宅の傍に設け子弟教育に當つた。塾舍は東舍・西舍・中舍に分れ、六棟が增築されたのである。ところが遊學の士百六七十名、後には二百名以上も廣く全國的に集り、五畿・東海・北陸・山陽・山陰・南海・西海等の各所から聞き傳へより集り塾舍立ごころに滿員といふ盛況であつたといふ。

（前略）　　　　　　　　　　　　　　　　　（魚水實錄下卷三二八頁）

一、谷生（直吉）事も孜々勉强有之業も大分出來居候て大に賴母敷存候、扨又先日瀨下（雄造）より耕藏へ賴み有之又谷生よりも申出有之候村田（作之助）生なる人同樣入塾深望の由是も東人且獨身の由氣の毒にも存候、其者次第にては今壹人位は何とかいたし可申候へとも一應御相談申候人物等御聞合御考御申越被下度其上にていか樣共返答可致と存候先は右申述度先日の御答旁々如此に御座候　早々拜白

二月廿一日（明治二年）　　　　　　　　　　　　山田安五郎

三嶋兄座下

當時、塾生收容難の模樣がしのばれるのである。之をもつても方谷の偉名遠く全國に知れ渡つてゐたことが分るし、又教育家としての方谷の貫祿を遺憾なく發揮してゐると思ふのである。方谷はかうして集つた塾生を如何に指導したか、學規五條は

の訓誡である。

學規五條　（長瀬塾）

一、朔望及初五念五日並休會講、童子課業、亦隨意放休、若夫晨興夜臥之限、不許違、平日童子淸書作詩、以是日檢正焉

一、除歸省及往遠外、不許他宿、途上疾作、或有故不得還、則專使報告焉

一、每朝遙拜祖先父母之儀、爲遊學中第一之禮矣、童子遺忘者、典儀戒告焉、或不能從儀者、無論冠童、速退塾歸家、各拜禮於其祠堂、定省於其膝下爲可、其勿滯在他方而闕爲子之禮也

一、新涼方至、燈火至親、三冬亦非遠、爲夜學好時節矣、各寮相警、不許假寢怠業、須炷線香以量刻、定就寢之時焉

一、灑掃雖童子所當務、而朝夕定節之外、冠者亦須加意合力、使寮內外常淸潔焉、傘笠履屨諸品最要整頓、若夫猥用他失禮之甚、童子或有之、則典儀戒焉

「每朝遙に祖先父母を拜するの儀、遊學中第一の禮とす」と述べてゐるあたり、方谷に於ける『日本敎育』の面貌を見ることが出來ないであらうか。

方谷は諸生の爲に論語を講じて居られるが畢つた時賦示していふ、

不慍知命是君子、一部圓珠成始終、反覆讀來誰會得、孔顏之樂在其中

そこには喜びが溢れて居る。

一体方谷が長瀨の里に（現在方谷驛の所）居を移したのは安政六年で五十五歲の時である。藩城を去る北三里の地で青嵐淸流幽趣の所である。當時城下には官舍を賜ひ、暇あれば歸宅して菜蕪を開き邸隅に一草菴を營み、之を無量壽菴と稱し多く之に起臥してゐたものである。河合繼之助が來遊したのも當時この所であつた。爾來政務多端の折も屢々こゝにあつて讀書し、思索し、且來遊の士に薰化を與へてゐたのであつた。今や方谷はこゝを學舍の地として經營し始めたのである。當時東舍が落成した際諸生に示していふ

己巳夏六月六日長瀬東舍落成、生徒移几案、席上分韻賦以示焉

兩塾患偪側、且作外舍謀、墻東隔百歩、廢宅聊整修、修成移几案、坐臥儘自由、自由已可樂、惑恐生逸遊、内外各異居、涇渭竟分流、願茲全友誼、忠告互勸酬、莫將一人過徒貽三舍羞

治工有廢昆、類擠理且修、假作生徒舍、浮萍暫可留、庭上風鑪迹、似聞聲啾啾、斯居天所賜、莫乃警吾儔、學業如鍛鐵、一鍛不可休、要成百錬剛、戒作繞指柔、堅志有如此、天意庶足酬

方谷齢當に六十五歳である。けれども後進の教育の爲、身を打込んだその意氣を見ねばならぬ。當時の老臣大石隼雄は老後なほ愈々教育の爲精進しつゝある方谷に對して何と云つたか

大石隼雄殿より方谷先生ぇの書面

（前畧）

一、我藩當時文學は隨分若手も盛に出精有之大に快き事に御座候近々人材出來可申何分人材教育至要の處、年來御苦心被爲在全其驗哉と奉存候　恭悦々々

右御答申上度急き亂筆御推讀可被成下度候　草々拜復

二月廿三日朝

大　石　隼　雄

方　谷　先　生　座　下

（魚水實錄下卷三三〇頁）

と喜んでゐるではないか。そこには大きな期待がかけられてゐる。

然し方谷は折角増築まで行つた長瀬の塾舍を一年有餘にして去り、明治三年の秋、長瀬の北六里餘、小阪部の地に移寓することに決したのである。長瀬に草菴を營んだ年から見れば十一ケ年である。塾舍として組織的に教育を興したのはここ一年有餘ではあるが政務多端、東奔西走の頃にもここに居を占めて多くの人に接し、又後進を教導せしことも屢々であつたらうと察せられる。河合繼之助の如きは其一人である。河合繼之助が如何なる人物で、如何なる事業をなしとげたかは大日本人名辭書

に傳ふ所を參照すれば明かである（後揭）。當時（明治二年）長瀨塾に學んだ門人、谷資敬氏の「方谷先生逸話」を見れば當時の事情が覗へて面白い。

方谷先生逸話　（門人谷資敬氏寄稿）（山田準氏藏）

一、余ハ明治二年二月中始メテ先生ノ長瀨塾ニ入リタリ、一日先生ト對話ノ時、余ヨリ河井繼之助ハ徳川譜代ノ諸侯ノ臣ナルニ官軍ニ抗敵シタルハ其ノ道ヲ失ヒタルニ非ズヤト質問シタレバ貴公ハ如何ニ思フヤ、是等ハ學問上研究スベキ事ニテ大切ナリト戒メラレ其ノ可否ハ答ヘラレザリキ。尙ホ河井カ先生ノ方ニ在リシ時ノ模樣ヲ問ヒタレバ先生曰ハク、河合ハ充分讀書力アリテ書物上ノ質問ハ爲サズ唯我ノ作用ヲ學ビ且話ヲ聽キタシトテ常ニ我カ話ス所ヲ傾聽シ居タリ。併シ河井ハ妙ナ男ニテ我カ書入ヲ爲シタル王文成公全集ヲ懇望シタルヲ以テ之ニ跋文ヲ記シ之ヲ贈リタレバ頻リニ之ヲ讀ミ居タリシカ我方ヲ辭去スルトキ（河合ガ先生方ヲ辭去シタルハ安政六年ニシテ先生五十五歲ノトキ）之ヲ携ヘテ出發シタリ。我レハ荷出ノ渡船場（長瀨附近ニアリ）迄送リシニ船ヨリ對岸ヘ上リ全集ヲ地上ニ置キ跪キテ再三我ヲ拜シ又幾回モ二三歩行キテハ跪キテ我ヲ拜シ居タリシガ遂ニ其姿ヲ見失ヒタリ。其後我ハ藩用ニテ屢々江戸ヘ赴キタルガ河井ハ其時必ズ品川驛頭ニ待居リ我レヲ見テ馳來リ喜ビ迎ヘ、我ガ藩邸ニ來リ日々側近ニ侍シ對話シ居タリ。是レハ河井カ常ニ我藩邸ニ來リ、我カ消息ヲ問合セ居タル爲メ我ノ江戸到着ノ日限ヲ知リ出迎ヘタル由ヲ同人ヨリ聽キタリト語ラレ、又長岡戰爭中我藩ノ用達町人松屋吉兵衞（余モ此者ヲ知レリ）ハ長岡藩ノ用達ヲモ勤メ居タルヨリ長岡ニ見舞ニ行キタル際偶々河合ハ負傷シ居リ、吉兵衞ニ對シ、汝ハ松山藩ノ用達ナルカ、山田先生ニ河合ハ今ニ至ルモ先生ノ敎訓ヲ守リ居レリト傳言ヲ囑ムト言ヒタル由ニテ其傳言ハ吉兵衞ヨリ正ニ我ニ通ジタリト語ラレタリ、實ニ奇跡ト謂フ可シ。

一、余ハ數年後、明治十二年裁判官トシテ長岡裁判所ニ在勤中、河井ノ老母未亡人ヲ訪問シタリ、其ノ時大イニ勸待セラレ談話中異口同音ニ先生ヲ讚美シ、河合カ常ニ先生ヲ尊敬シ居タル事、並ニ河井カ先生ノ書ヲ掛幅ニ表裝シ一室ニ揭ケ、每朝禮拜シ居タル事及ビ長岡落城後先生ヨリ遙々人ヲ差遣ハサレ亂後不自由ナルベケレバ此人ト共ニ備中ヘ來ルベク申越サレタレドモ當時幸シテ生活シ居タレバ之ヲ辭退シタリトノ事等涙ヲ垂レテ語ルヲ聽キタリ、是亦奇跡ト謂フヘシ。余ハ其時文正公全集ノ存否ヲ問ヒタレバ落城ノ際書籍等ハ同藩士三嶋億次郎（河井ノ友人ニテ同志ノ人）ヘ預ケタレバ手許ニ存在セズト答ヘラレ因テ三嶋氏ニ問ヒタレドモ戰亂中何レモ紛失シタリヤ不明ナリト答ヘタリ、實ニ遺憾ノ事トス。

一、以上ノ事實ハ只ニ片鱗ニ過ギサレドモ先生ト河井ハ師弟ナルモ其親炙シタルハ半歳ニ過キズ、然ルニ其ノ心情ハ水魚ノ如ク又膠漆ノ如キヲ察スルニ足レリ。誠ニ千載ノ奇遇ト謂フヘシ。

一、抑モ又河井カ先生ノ門ニ入リタル動機ハ江戸ニテ先生ノ文章ヲ一讀シ其ノ卓見ニ感シ直ニ長瀬ニ到リ經濟上ノ教ヲ請ヒタレバ先生ハ天下ノ經濟、一國ノ經濟、一藩ノ經濟、何レナルヤヲ問ハレ河井ハ長岡藩ノ經濟ニ關シ教ヲ受ケタシト答ヘタレバ先生ハ更ニ長岡ノ土地、人情、物產ノ種類等、經濟上ニ關スル事物ヲ問ハレタルカ河井ハ一モ答フル能ハス。先生ハ是等ヲ知ラサレバ實地ヲ離レ空談ニ歸シ無益ナリト諭サレ、是ニ於テ河井ハ直チニ歸藩シ種々調查シ再ビ長瀬ニ到リ教ヲ受ケタリトノ說アリ。是ハ余カ後年、長岡ニ在リシ際、往時川田甕江先生ノ塾ニ余少年時代ノ時、共ニ居タル長岡藩士立花逸藏（在塾中ハ永井啓ト稱セリ）ニ邂逅シ、同人ヨリ河井ガ一時身ヲ變ジ藩內諸所ヲ調查シタル事アリト語ラレシニ參照セバ或ハ實說ナルモ知ル可カラズ。又立花ハ河井ガ長瀬ヨリ歸藩後同人ニ松山藩邸ニ居レハ自然先生ニ出會スヘキ時機アリテ其ノ人格ヲ知リ得ルヲ以テ川田先生ノ塾ニ入ルヘシトシテ自身周旋シ入塾セシメタリト余ニ語リタル事アリ。又立花ハ「河井カ諸方大家タル儒者ニ接見セシカ感服スヘキ人ナク唯方谷先生ハ眞ノ大儒ニテ先生ノタメナレハ草履取リヲシテモ苦シカラスト話シタルヲ聽キタリ」ト語リシ事モアリ、又河井カ深ク先生ヲ尊信シタルヨリ出タルモノト思ヒ居レリ。

註（本稿ニ對シ山田準先生曰、立花ノ話ハ實談ナランモ河井ガ當時歸藩調查セシトノ證據トナラズ、此項疑存ス。何トナラバ繼之助傳ノ日記之ヲ傳ヘザレバナリ）

一、初メ余ガ長瀬ニ入塾シタル明治二年二月ノ頃ハ生徒大小十人程ナリシガ先生ハ生徒少數ニ拘ラズ課程ヲ立テ日々教授セラレタリ。然ルニ追々生徒增加シ、同年冬季ハ五十人ノ多キニ至リ、十月一日、先生ハ左ノ文章ヲ生徒ニ示サレ三冬ハ特ニ勉强スヘキヲ訓諭セラレタリ。今ニシテ此ノ尊文ヲ拜讀セバ先生ノ生徒ヲ親愛シ懇篤教導セラレタルヲ回顧シ熱涙ノ下ルヲ禁シ得サルナリ。

## 諭示文

少昊回レ駕。玄冥司レ節。己巳三冬。今日爲レ始。老夫情懷。爲レ之肅然。卿等亦得レ無レ所レ思哉。夫讀書之業。收二功於此一時一。豈非レ以下天地嚴凝之氣能收二歛人之精神、使上レ潛二心於其所一レ修耶。然而放縱怠惰玩二愒時日一。精神渙散、業無二寸進、奚以二三冬一爲此卿等固所二自知而能戒一焉。豈待二老夫呶々一哉。今吾一片婆心。所下以爲二卿等一謀上者、蓋有一於此。夫三冬九旬、日行二南陸一晝短夜長。乃天之常道、而斷レ長補レ短。爲二人之當然一。補レ之之方、在二夙興夜寢二者一而夜寢之勉、卿等既竭レ力不レ怠、今欲レ益レ之、唯有二夙興一事一而已矣。因請詰旦以後、先二拂曉一五六刻。以至十刻。亦從二晝夜長短一以爲二之差等一。乃奮起收蓐、盥漱端坐。冠者講義、童子習讀矣。其所レ閱之書。大抵以二一刻一紙一爲レ度。每晨平準不レ下二七八紙一。除二篇尾一句一外、八旬所レ閱、人々五六百紙、其爲レ册殆一十矣。闔舍五十人、通計爲五百册。可レ謂レ夥矣。此特曉前數刻間所二閱讀一耳。其餘日夜所レ經幾多時刻、以準レ之。則將レ及數千册。人々而如此、雖下性有二遲速、才有中鈍銳上、而不下各隨二其分一進中得一層上者幾希、是則老夫婆心所望二卿等一、而卿等亦得レ不レ諒二其心一哉。嗚呼我日斯邁キ而月斯征クトハ、兄弟戒二暇逸一之詩ナリ而良晤一散、邈乎河山、朋友惜二離索一之語也。古往既如レ此。今來安得不然。卿等不レ問二遠邇一擔レ登負レ笈畜簪於山谷之間、豈非二天然奇緣一耶、然而老夫衰朽日甚二於一日一。明年三冬、不レ可レ保二其存一焉。卿等雖青年、歸㚆各有二定期一。豈亦得レ久二於此一哉。今而思レ之、感愴曷勝。幸諒二此婆心一、黽二勉於九旬之際一。果有レ見二上進之效一。則卿等今日之畜簪不爲二無益一、而老夫後來先朝露之日、亦無レ悔已矣

長瀨溪舍主翁

己巳十月朔　錄示

一、先生ハ其翌朝、卽チ同月二日未明ヨリ講堂ニ蠟燭ヲ照ラサセ易經象傳ノ講義ヲ始メラル。先生ハ豫メ司晨・司夜等ノ職名ヲ設ケラレ生徒ニ順次之ヲ司ラシメ司晨ハ每朝雞鳴前起床シ他生徒ヲ起床セシメ皆盥嗽シ講堂ニ端坐シテ聽講スルヲ例トセ

リ。先生ハ疾ク起床セラレ生徒ノ集ルヲ待チ直ニ講堂ヘ出席セラル。此ノ講席ノ終ルハ東窓白ヲ生スル頃ニテ生徒ハ幾隊ニモ分レ交ル々々食堂ニ入リ粥ヲ啜リ一同食事終ルト先生更ニ講堂ニ出席セラレ春秋左氏傳ト詩經ヲ隔日ニ毎朝講義セラル。右ハ前文章ノ旨意ヲ率先實行セラレタルナラン。先生ハ生徒ノ將來永年學資ヲ要スルヲ酌量セラレ常ニ節儉ヲ主トシ月謝月俸ハ極メテ少額ヲ徴セラレタリ。爲ニ毎日朝食ニ限リ必ラス粥ト香ノ物ノミナリ、是ハ刑部移轉後モ同樣ナリキ。（後略）

「逸話」にもうかがへるやうに長瀬に於ける教育活動の眞劍さを知ることが出來る。諭示文にもあるやうに「老夫衰朽日甚於一日、明年三冬、不可保其存焉、卿等雖青年歸養各有定期、豈亦得久於此哉、今而思之感愴曷勝、幸諒此婆心」と、諭してゐられるが、方谷は既に死を豫感せるもの丶如く、その言、愈々切に、その行、愈々眞摯なるものがある。この事は方谷が塾生に語られた言葉に「遺言と思つて十分講義するのであるから長時間に渉るも能く聽け」と話されたのと思ひ合はせて符を一にして我々の胸を打つものがある。乃ち

一、長瀬ハ溪流ニ沿ヒタル山間ニテ冬季ハ寒氣酷烈ニシテ皆其寒氣ニ堪ヘサリシカ先生ハ毫モ怯レラレス泰然自若トシテ諄々講義セラレタリ。然レトモ毎朝火鉢ヲ先生ノ坐側ニ置キタルニ先生ハ之ヲ脇ノ方ヘ遠ケラレ毫モ手ヲ觸レラレズ畢竟克已シテ堪ヘラレタルヤ、又ハ先徒ニ對シ獨リ煖ヲ取ルニ忍ビズト思ハレタルニヤ、實ニ驚嘆ノ外ナカリキ。又先生ノ講義ハ諄々詳細ニ說カレ、常ニ時ヲ移スヨリ、先生ハ遺言ト思ヒ十分講義スルナレバ長時間ニ涉ルモ能ク聽キ吳レト諭サレタリ。又三島中洲先生モ或ル時彖傳講義ノ事ヲ知リ道ノ程近ケレバ聽講スベキモ其事叶ハズ實ニ惜シク思フテ居ル、君等ハ篤ト聽講スベシト余ニ諭サレタル事アリ彖傳講義ハ明治二年ノ三冬ノミニテ其後ハ開講ナカリシガ左氏傳詩經ハ引續キ毎朝食後ヨリ例ニ依リ開講アリ。刑部ヘ移轉後モ同樣ナリキ。故ニ余ハ兩書トモ幾回モ反覆シテ聽講シタリ」

筆者が探し求めてゐた方谷に於ける教育精神とは之であつたのだ。「日々是遺言也」の教育態度に非れば眞の教育は出來るものではない。方谷に於ける老後の教育は老後の樂みとしての教育ではなく、老後を生かさん爲の遺言の教育であつたのだ。老衰を知りつ丶、老衰を生かさんとする態度である。多くの人々に見る老後の樂みを教育や趣味に求めてゐるのとは態度がちがつ

てゐるのである。方谷の面目はこゝにも躍如として發揮されてゐるではないか。

方谷が長瀬を去つて小阪部に赴いた所以のものも又こゝに存する。

## (二) 小阪部塾の經營

方谷が小阪部塾に移つたのは明治三年の秋である。刑部（小阪部）は先妣西谷氏の出所である。西谷氏故あつて祀を絶つこと二十年餘に及び、方谷は之を再興し、先妣の靈を慰めねばならぬとは久しい以前から考へてゐられたものである。それに長瀬の地は土地狹隘生徒の不便少なからず、その點も考へられてゐた所へ小阪部より、學舍修築の上での哀願招請があつたのでこゝに塾舍移轉を思ひつかれたものと思はれる。移轉の事情に就ては當時、そのお迎に當つた村上豊吉なる人が當時の門人たる富谷貢氏に當時を書綴りたるものを贈つて居るので之をよむとその間の事情が分明する。

方谷先生移轉之概要

阿哲郡刑部町ハ旗本水谷家ノ知行所ニシテ其高二千三百石ヲ領シ居ラレシガ、維新ノ際佐幕黨ノ故ヲ以テ沒收セラレ出張官トシテ勝山藩醫師合田耕齋ナル人赴任セラレシガ青年時代村上常彥トハ學友ニシテ米子町官長草毅先生ノ門人ナリシヲ以テ頻繁ニ出入致シ居リシカ或時沒入ノ物件拂下ノ命下レリ。購入レテハ如何ト、價格ハ幾等カト聞ケバ君ニ特賣ナレバ參百五十圓ナリト、頗ル安價ナルヲ以テ購入シタル事ヲ主人ニ申タレバ安價ニハ候カ使用ノ目的ヲ尋ネラレ學文所ニスル目的ナリト答ヘ山田方谷先生ヲ長瀬ヨリ迎ヘ度キ希望アリ、長瀬ハ土地狹隘ニシテ學舍一棟アルノミ諸國ヨリ雲集スル生徒ノ困難一方ナラス、刑部ハ然ラズ建家數棟土藏二棟表門井戸ニ至ル迄完備シ、長瀬トハ霄壤ノ違ナリ幸ニ親戚ノ間柄ニシテ哀願セハ快諾アル哉モ難計ト愚考ヲ陳述シタレバ先生カ承諾相成否先決問題ナリ、先生ニ御面會ノ上意見ヲ慥メヨトノ事ニ相成新見ヨリ乘舟、長瀬ニ行キテ前件縷々哀願致シタレバ先生襟ヲ正フシテ刑部西谷ハ先妣ノ生家ナレドモ其家久シク絕ユ空吹ク風モ懷カ敷一日トシテ思ハザルナシト悲喜滿面ニ顯然タリ、依テ常彥ノ哀願再三、御採用アリテ主人ニ報告ノ上生徒二百人ヲ容ルヽ準備ノ命アルヲ以テ其準備ト大修繕ニ諸職人數十人ヲ仕役シ金剛寺庵室ハ矢吹家ノ棟梁兩伊平ヲ呼寄セ建築セリ、此費額、文ニテモ八貫百匁ヲ要シ、總費額數千圓要シタリ。明治三年十月工事竣了ヲ告ゲ先生ノ御移轉ヲ請ヒ駕籠ニテ盾松通リ村上新宅ヵ御晝食、御供ニハ生徒川面村岡本要吾ニシテ御迎ニハ常彦ノ代理トシテ豊吉ガ參リタリ、歡天喜地ノ御機嫌ニ有之候、已上

（右ハ村上豐吉（伯耆人、舊刑部村長）老人、富谷竇氏ノ依頼ニ由リ書綴リ贈ラレシモノ、昭和三年六月、東京山田準氏藏）

この移轉に當り、門生皆從行し、新に來遊する者も亦甚だ多く却つて其の整理制限に力を注がねばならぬやうな狀態であつた。方谷の殘した教育的關心は備北の地に次第に高まり、その高弟三島貞一郎（中洲、桐南）の經營せる學舍も、生徒數增加の一途をたどり共にその整理に苦心せねばならなかつた。方谷がこの間に立つて如何なる態度をとつたかといふに、

その宿志である西谷家再興に關しては勿論意を用ひ、毎月外祖父母（西谷信敏氏夫妻）の墓を金剛寺に展し、又西谷氏姻族小野定一郎の女を娶ひ、行く／＼仕婿を選んで西谷家の再興を計つたのであるが、塾の經營に就ては何かと苦心を拂つてゐる。特に一面老衰と戰つて行かねばならぬ。青壯年期とも頑健と云へる樣な体格・体質ではない。寧ろその意氣と修養によつて健康であるといつた方がよいやうな方谷である。五十七歲の三月江戶にありし時、途上に咯血し愛宕山下に倒れたこともあるやうな體である。よる年波に打克つて教育を行じる方谷の態度は又悲壯とも云はれないことはない。

方谷先生狀

（魚水實錄下卷六〇三頁）

（前略）

一、御生徒追々多人に相成候由御世話强の段御尤の至に存候、乍去御强年の事故、何卒此上御精勤專一と相祈申候、當方生徒も不相替雜沓新入も段々有之衰力迚も及候事に無之、今年限にて一切沙汰いたし無據遠來の徒少々相殘し可申かと存居候、先日坂田丈介よりも傳言申越早春にはまいり相談可申由にて是は諸藩を斷り民族斗眞の鄕校にいたし度と申越候、是も尤の事當地も同樣鄕校の事に候間其法に倣候も可然かとも存兩樣未決に候へ共何れも七八分は散歸爲致追々は當地にも一草庵を結候て先日御一見被下候詩中埋骨の計をもいたし度と存候實は老朽のみにあらず先頃の孫を失候より益精力衰弱勉强は罷在

候ヘ共迚も此上の取續きは出來不申此段御推察可被下候　（下畧）

閏月廿三日　（明治三年？）

桐南兄（三島）梧右

かゝる苦辛があればこそ、生活も眞劒であり、講義も眞劒であらざるを得ない。廣瀬淡窓が「君汲川流我拾薪」といつた境地がこゝにも展開されてゐたのだ。

○

一、明治三年ニ至リテハ生徒益々増加シ塾舍ヲ新築セラレタルモ二百名以上ニテ尙ホ狹隘ナリシガ同四年ニ至リ刑部ニ舊幕旗下水谷家ノ舊邸宅アリ、之ニ塾ヲ移サレタリ先生ハ夫人方ヲ殘サレ一人移轉セラレタレバ移轉後ハ日々三飯トモ食堂ニ出ラレ自身飯ヲ盛リ生徒ト列坐シ生徒ト同一ノ食事ヲ取ラレ食事終レハ自身其器物ヲ洗ヒ其膳ヲ膳棚ヘ納レ置カレタリ。

一、先生ハ生徒十五歳以上ヲ冠者ト稱シ其以下ヲ童子ト稱セラレタリシガ刑部移轉後ハ童子多數増加シ、先生ハ老躰ニ拘ラズ童子ニモ相當ノ書籍ヲ講義シ居ラレタレハ元來冠者ノ爲、繁忙ヲ極メラルヽニ尙童子ニモ講義セラレテハ疲勞セラルヽヲ恐レ冠者ヨリ童子ノ講義ヲ一任セラレタシト申出タルニ折角我ヲ慕ヒ來レル者ナレバ一日一回ハ我レ自ラ講義スルトテ一任セラレズ因テ冠者中二十歳前後ニテ學力優等ノ者ヲ撰ビ監講トシ童子ニ對スル講義質問ヲ掌ラシメ一回ハ先生自ラ童子ヲ集メ講義セラレ或ハ質問ヲ受ケラレタリ。（方谷先生逸話）

なんと鮮かに方谷精神を具現してゐるではないか。

塾に於ける教科は論語・詩經を日の奇偶に分けて每晨講義し春秋左氏傳を每日諸生に輪講せしめ、又、日本外史・史記・資治通鑑・韓非子・莊子等を自習させてその質問を受けられた。其他經子・傳習錄・古本大學の類を時に講述されて居た。詩文章に就ては餘技として之を取扱つた。

「先生ハ詩文章ヲ修メントセバ專門家ニ就キ研究セヨ我ハ經學ヲ第一トシ詩文ハ餘事ナル旨常ニ諭サレタリ。故ニ每朝左氏傳・詩經ノ講義終ルト各好ム所ノ經書ヲ幾組モ交ル〳〵先生ノ前ニテ輪讀シ其間史類ノ質問モ受ケラレ爲ニ先生ハ朝ヨリ夕刻迄、大概講堂ニ端位シ生徒ト交接シ居ラレタリ。又詩文ハ餘事ナリトハ云ヘ毎月兩三回、會日ヲ定メ、夜分宿題卽題ニテ先生ト共ニ講堂ニテ詩文會ヲ開キタリ」（逸話）

と門人谷資敬氏が云つて居られる。

塾中の職制は大體長瀬小阪部ともに同じである。

| | | |
|---|---|---|
| 監講 | 塾生中の優秀者十余名を選定、童子教授を助けしむ | |
| 司夜 | 就寢管理 | |
| 司晨 | 朝起管理 | |
| 司浴 | 浴場・浴円管理 | |
| 司計 | 會計管理 | |
| 冠者 | 十五歳以上……來客應接 | |
| 童子 | 十四歳以下……雜務に服す | |

（魚水實錄下卷六三五頁）

方谷先生狀

一、昨日は御塾生來訪御添書承知面會いたし候但し拙筆を被托候には僻易いたし候過日萩野氏の托を送り候節も申進候通一年位にいたし候は極勉強にても兩三年は過候事と勘辨無之ては迚も出來不申其段吳々咄置候得共兄よりも御斷可然傳、希上候尚又北行の上取調御頼申度生徒の事貴家にては多勢新入有之御困の由御尤に奉存候事故成丈作略いたし候上無據分なと御頼可申外方えも賴み遣し可申と存候何分今年は昨年の半方にいたし可申と存候それも多分秋頃までにて其上は散し盡し申度と存候いつぞや今津にて御咄の世評に申候出かせきには無之出にけの志に御座候其後耕藏えも御咄被下候由御深切千万奉謝候乍去人言を憂候ては折角思付候先妣の魂を慰し候一事難成世の毀譽は倫理の事には難代と存候如何いたして可然哉何卒重便

に御考御示被下度希上候事に御座候又拜

六月三日　　　　　　　　　　　　方　谷　山田

桐南兄　三嶋　座下

方谷先生狀　　　　（魚水實錄下六三六頁）

好便拜啓遂日好春先筆硯御佳適奉賀候過日は川田來訪歸粟の節一書相托し候定て御披見可被下其節申進候東地桑閣御開の一條如何御訣に成候哉何卒申上候通御家老より御差上に相成候へば無此上御六つヶ敷事に候はゝ何れにても此儀御承諾御座候方と奉存候御樣子此便に御申越被下度希上候

一　東方時勢も追々御聞可有之此上如何と存候事に御座候云々　（下畧）

一　拙老事も當着後先無事但久々不快後氣力未復に付優游保養罷在北地見分罷越候事も見合居申候上巳頃は四五日滯留に歸宅いたし可申候云々　（下畧）

如月十日　　　　　　　　　　　　方　谷　山田

桐南兄　三嶋

二白先頃中西生の事御申越致承知候當地へは未だ見へ不申まいり候はゝ其段申聞御塾に歸り候樣取斗可申候扨又先日丸龜藩生御塾へ罷出候趣舊臘より眞嶋迄罷越居拙老當地へ出候を待居候て入塾申込候次第篤志の段紹介の者よりも具に申聞候に付無餘儀事と存候て承引いたし候處右返答未達內に候哉如何の違か御塾生の內の人より此方にては新入一切斷候に付迚も承引不致と申聞候由にて無據御塾へ罷出申候由紹介より斷出候御塾へ出候事故此方も同樣の事安心は致候へとも折格別に存差くりいたし許容に及候情意不遂一切相拒み候樣に被取候ては氣の毒難堪存候間此段兄迄申進候間右の情實御申喩被下御塾にさへ居候へは此方も同樣の事に存精學可致尚又當邊へまいり候節は無遠慮立寄可申逢もいたし可遣申傳候と御申聞置可被下此段御賴申度又々如此に候以上

塾生の事先日も申進候通追々簡省は致居候へとも格別有志の徒は一日も世話いたし候間は新入たり共是非拒み候には無之但其者如何に有之此段外方えも其人に因ては御傳置可被下候

教科經營に就て遂に實現に至らずして終つたものと思はれるものに洋學がある。之は早くから着目されてゐたであらうことは方谷爲政者時代から、西洋戰法の研究は勿論、洋制を參考とした學制の改革、洋制を參考とした獄制の改革等に着目されてゐた点からみても明かで、長瀬・刑部兩塾の經營にその意圖のあつたことは敢て不思議とするに足らない。世は既に明治であり、西洋文明輸入に向つて國民的關心が注がれ始めた時代ではあるが、然しまだ〱私塾教育の上に洋學を採用せんと試みたものはまだ稀であつたらうと思はれる。洋學を藩黌の上に持ち來し之を正課として課した例は珍しくない。既に天明・享和の頃から採用され順次增加の一途を辿つてゐた。石川謙氏の調査によれば明治に入つてから藩黌が洋學を正科として採用してゐる割合が調査黌數中三二%を占めてゐる点からみても相當の數をみてゐるのである。之は勿論時代の要求ではあるが方谷は洋學を童子へ採用せんと企てたのである。

卽、初等敎育へ洋學を採用せんとしたもので確に時代に先驅した試みといはねばならぬ。方谷はその爲、素養ある敎師を物色し、その實現方に骨折つて居る。そして塾生にも將來益々洋學の必要なる所以を說いてゐた。然し結局實現には至らなかつたと思はれるが、その精神は塾生を通して次の時代に現實化されてゐる。「魚水實錄」はその事實を示してゐる。

方谷先生狀

（魚水實錄下卷六一二頁）

別啓乍御面倒御願申上度儀有之敝塾へ罷越居候毛利八彌事に御座候、當所鄕校戶籍の改に付は敎師の者誰ぞ申出候はては不相成候に付同人を當分其名目にいたし置可申と存候是迄の願は敝塾修業に候間此處にて屆替申度同人えも申聞承知の事に御座候、然るに當時新縣えの願いつれへ申出候て可然哉難分候に付何卒御聞合被下右の段御屆置被下度希上候尤同人よりの屆にいたし不申ては相成間敷とも存候間其段如何樣にも法に叶候御取斗被成下度もし同人養父へ申遣候て宜敷事に候はゝ是者兄はより御申遣御相談の上御屆被下度希上候

一、當所鄕校も僅の村童のみ敎育の事故誰にても宜敷何卒毛利引受吳候へは大に宜敷候へ共老拙引取候後を獨任致候事は定て承知いたし兼可申今般罷遣候も當分の名目のみに相成可申と被存候もし可然人御考御座候は丶被仰下度希上候且又童子へ洋字も爲習置申度と存候て渡邊松茂を呼寄置候處又遊學いたし度由にて退塾いたし申候、其手當の人無之困り居候外も聞合居候へ共當ては無之是亦御考の人も御座候は丶御申越被下度奉存候、老拙事は今般も只寄寓の居にいたし少しも敎授には關係無之樣いたし申置候積に有之當校の事は萬事矢吹の入費にて少しも官費は無之村方よりも一毫の出財も無之、興讓館抔とは大に違候振合右に付ては敎師も誠に月俸無之と申位の事にて別に謝儀等の當ては無之此段も承知の人に無之ては差置候事も六つか敷候間御含の上御考被下度希上候、其内一人の力次第外近村よりも入塾等致候へは其謝儀は得分に相成可申是又御承知可被下候　不一

六月三日　(明治四年?)　方谷

桐南兄(三嶋)座下

かうしてその實現に骨折つてゐるが、人にも經費にも難点が横はつてゐることが分る、然し方谷の意圖は水泡には終らなかつた。門人谷資敬氏は次の樣に語つてゐる。

「前記ノ如ク余等ハ長瀨刑部ノ山間ニテ專ラ漢學ヲ修メ居タリシニ明治四年ニ至リテ世間漸ク洋學ニ志ス者アリ。山間ヘモ其風潮浸染シ來リ大イニ各生徒ノ心ヲ動カスニ至レリ。一日先生余ヲ招キ今後世用ヲ爲サント欲セバ洋學ヲ修ムルニ如カズ其志ナキヤト問ハル。余ハ舊藩中最初ニ先生ヘ入門シタル爲メ學資ハ藩ヨリ特ニ一人扶持給與セラレ居タルカ洋學ニ志ストセハ學資ヲ失フニ至ルヘキヲ思ヒ躊躇シタレバ先生ハ洋學ノ學資ヲモ給與スル樣周旋スヘシト懇諭セラレタレバ遂ニ志ヲ決シ同年末ニ至リ刑部塾ヲ去リ、學資給與ノ藩命ヲ待チツヽ先覺芝方ニ寄寓シ洋學ヲ讀ミ居タリ。刑部ヲ去ル際、先生ハ洋學ヲ修ムル上ハ漢籍ヲ一切廢スヘク且ツ基督敎ニ入ルベシト諭サレタリ。故ニ余ハ當時漢籍ヲ大概賣却シ洋書ヲ買ヒ入レタリ」

(方谷先生逸話)

かうして谷資敬氏は洋學に向つたのであるが、恩師方谷は更に之を援助してをるのである。谷氏は云ふ、

「先生ノ令嗣耕藏君ハ當時藩廳ニ勤メ居ラレタルニヨリ先生ハ同君ヘ書狀ヲ送ラレ余ノ爲メ學資ニ關シ盡力方ヲ依頼セラレ余ニモ其由申越サレタリ。其後廢藩ニ屬シ學資ハ遂ニ行ハレス、余ハ明治五年洋學修業ノ爲メ上京シ、家族モ東京ヘ移住スル等ニテ余ニ送ラレタル先生ノ書狀ハ紛失シタレトモ耕藏君ヘ送ラレタル書狀ハ數年後即明治廿六七年ノ交、越後新發田裁判所ニ奉職中、在京友人同藩金田春如ヨリ郵送シ始メテ之ヲ一見シタリ、是レハ同藩小谷正雄高梁某氏ノ所有セシヲ讓受ケ來リ金田ト謀リ余ニ送リ越シタルナリ。耕藏君ニ送ラレタル書狀カ如何ニシテ某氏ノ手ニ歸シ居タルヤ、又轉シテ余ニ歸シタルハ實ニ不可思議ノ事ナリト思ヒ居レリ、此書狀ノ跋文ヲ川田甕江・三島中洲・南摩羽峯・山田濟齋諸先生ニ請ヒ書狀ト共ニ裝潢一卷ト爲シ珍藏セリ、其書狀ハ左ノ如シ」

（書狀）（省畧）

かうして子弟の爲、學資金の面倒までみてその將來を圖つたのである。

教科として洋學を採用せんとした態度は時勢の動きに對して敏感なる方谷としては別に不思議とするには足らぬが惜しいことに實現を見ずして終つたことを遺憾に思ふ。洋學をとり入れた私塾教育――之は確かに備北の異彩であつたであらう。備北文化に更に何者かを加へたであらう。

㈢ 閑谷黌の再興

明治五年のことである。舊岡山藩士岡本巍・中川横太郎等同志の者が數名方谷を迎へて學校を岡山に興さうと考へ、一月横太郎が依頼に及んだのであるが、方谷は「閑谷學校を再興するならば往くが單に岡山へ學校を創立するのであれば辭退する」旨を申出たのである。閑谷黌は名にし負ふ岡山藩の鄕學校で寛文年間、池田光政公の創建にかゝり爾來連綿として明治時代に入つたが仝三年に至り一時廢絶してゐたものである。名賢、熊澤伯繼・津田永忠の遺風を傳へた名校の廢絶を惜しんだからである。横太郎等大いに悟るところあり遂に再興を思ひ立つたのである。こゝに於て中川横太郎・岡本巍・谷川達海・嶋村久四

郎等の再興運動始まり、奔走大いに同志を募つたのである。池田老侯（慶政）之を聞いて嘉賞し遂に金貳千圓を賜ひ其の資を助けられたので愈々再興も本道に乘り、横太郎備中刑部に方谷を訪ねその來遊を請うた。乃ち方谷は欣然之を諾し、毎年春秋兩度往て學を督することを約束したのである。そこで岡本氏閑谷に赴き學房庖厨を修繕する等準備を爲し、六年二月開校の取運びとなり方谷はこの月始めて閑谷に遊ぶこと〻なつた。右の四氏及び生徒悉く之を和氣驛に迎へ絃誦の聲再びこの地に起るに至つたのである。閑谷へ旅立たんとして、

孤杖欲窮閑谷源、豈唯愛靜避世喧、湖西遺敎蕃山學、石室藏書尙或存

の詩がある。方谷の心境又思ふべしである。阪田警軒が當時の模樣を記してゐる。

「愛顧卷序

愛顧卷者。故方谷山田先生寄岡本士坦前後手束也。束中之辭。多係閑谷黌再興。而余應招聘之事往々見焉。先生既沒。士坦恐其散佚。集爲一卷。使余序之。夫閑谷黌。在萬山中一舊漢學所耳。而先生之眷々乎此黌。與士坦之汲々乎興此黌。皆匪夷所思也。聞初士坦與同人。倶聘先生。欲興學于岡山。先生不欲往曰。若興閑谷黌則往矣。諸子乃有所悟。計畫百端。遂興此黌。以迎先生。先生勉老。春秋二次往督學焉。是時泰西學風流傳邦內。學者棄德義。而重藝術。文具必要備。供給必要豊。聞見必要新。交友必要博。於是乎設黌必於都會之地。負笈必赴康衢之黌。至靜寂如閑谷黌。則莫有復一顧者。獨有先生而能起士坦之意。有士坦而能不空先生之敎。易曰二人同心。其利斷金。蓋先生與士坦之謂也。或曰。一閑谷黌。其敎人有限。不如用力於世所好尙之學。嗚呼。是惡乎足以知先生與士坦。天下風靡乎周武。而垂臣道於萬世。則在西山采薇之人矣。天下草偃于漢祖。而激臣節於後世。則在富春釣魚之人矣。天下陷溺於功利。而立綱常於無窮。則在則栖々魯衛遑々齊梁之人矣。且百花爛發。而松栢獨持節。衆芳競先。而蘭菊晩保香。嗚呼通此說者。如始先生之志。并知士坦矣。是爲序。」

（閑谷黌史による）

方谷はかうした事情懇請に對して岡本氏に寄せていふ、

御事价芳翰被下拜見仕候如諭新禧萬禰申收候先以文候愈御多祥被成御迎陽珍重ノ至奉祝候隨テ老朽無別條加齡候乍憚御降心可被下候爾來御無音ニ罷在背本意候段萬御海容可被下昨年ノ參校中ハ別テ御厚待ノ御禮モ不申上不相濟事ノミニ御坐候扨閑谷事情如何ト懸念罷在候處御書面ノ光景何トモ可歎ノ事ニ有之定テ御心勞御坐候義ト奉察候但御同志ノ御方モ出來候テ御再興ノ御示談中ノ御由左モ相成候ヘハ誠ニ可賀ノ至ト大ニ老懷ヲ安シ候何分被仰合早々其境ニ至リ候樣御盡力萬祈仕候事ニ御坐候御決議次第賢契御來話モ可被下御旨企望ノ至ニ御坐候萬緒其上ニテ御相談可申上候老朽事モ啜天ニ相成不申テハ罷出候事モ仕兼候ヘ共何レ共參校ノ積ニ罷在候是等ノ儀モ御入來御面談ニ無之テハ難申盡ソレノミ御待申居候昨年歸鄉種々混雜ノ事出來候テ今以紛忙難免困却罷在候ヘ共閑谷ノ儀ハ其間ニモ心頭ニ掛リ居候事ニテ何分永續ノ策無之テハ不相成ト存居候ノミニ御坐候先ハ右御答迄如此萬端申上度候ヘ共御使差急候ニ付何事モ拜晤ノ節ト申殘候早々拜讀不一

一月廿四日　　　　　　山田方谷

岡本賢契君　座右

これより右の四氏が學校の維持、生徒の統督を擔任し、本並觀學氏を以て會計方とし沼野義也氏を典籍方兼雜務掛としてそれぐ\校務を分担した。

學業の方針は岡本氏に寄せた書によれば、

經業は王學之大旨を篤と講究之上朱學之取捨有之度事に御座候、道學之大本は如此、文字訓詁は淸儒之考證に據候事、史學は和漢洋と段々順序を立て究讀可有之、右三史共歷代制度之本末推究尤緊要之事、幼童より地理史學の二科を第一に敎授之事是も和漢洋萬國と順序不亂候樣可敎事、漢文は尤力を用べき事但其力に應じ日課又は月課之法可有之、尤達意を主とし健筆を學可申事

とあるやうに王學・史學・地理・漢文の敎授講究に主力を用ひ、特に史學・地理に順序本末のある点を强調してゐる。

生徒數も開校の際は僅かに二十人許りに過ぎなかつたが遠近傳聞き來遊する者次第に增加し翌七年には百名に達した。

方谷が閑谷に學を督した度數は「方谷先生年譜」によれば、

1 明治六年二月 開校式
2 仝 十月 孟氣養氣章講義（養氣章或問圖解著述）
3 明治七年五月
4 仝 十月（蕃山村ノ熊澤蕃山宅趾ニ草廬ヲ構ヘ方谷息遊ノ所トナス）
5 明治八年二月（蕃山山下草廬ニ屢々留宿ス、冬夏、鎌田玄溪ヲ敎督ニ托ズ）
6 仝 十月（鎌田博敎督辭退、阪田丈平（警軒）ニ依囑）
7 明治九年七月 コノ行ニテ終ル

前後七回の來遊となつてゐる。九年十二月、阪田丈平は一年間の約束により滿期辭任し、生徒次第に散じ明年四月再び校を閉ぢ十七年有志三度之を興すに及び西毅一校長となつて之を盛にし今や中學校閑谷として益々校運隆昌を極めて居る。

閑谷來遊當時に於ける方谷の詩、二三を揭げ、敎育生活を偲ぶことゝする。

閑谷黌舍寓中次ニ謙田子文韻一

校舍山深白日悠。盍簪何幸此優游。圖書供レ讀三千卷。俎豆傳レ儀二百秋。德慕ニ賢侯一澤未レ斬。學興ニ俊士一功方鳩。絃歌堪レ化窮鄕俗。刀割休レ論雞與レ牛。

蕃山山下有ニ熊澤翁宅阯一、諸生爲築ニ小廬一、供ニ余游臥一、留宿連宵、有レ感而作、

晚年操節潔ニ於霜一。殘礎荒涼古寺傍。身竄ニ天涯一窮益固。名傳ニ海內一久愈芳。聊將ニ新築一存ニ遺趾一。莫ミ是舊魂還ニ故鄕一。留宿連宵無レ限恨。隔レ林鐘磬斷ニ人腸一。

甲戌猛冬趣ニ東備閑谷一途上作、錄似ニ西君一。

時艱身老氣空豪。遠訪ニ山黌一不レ厭レ勞。衰草荒原風肅殺。寒流古渡雁悲號。望窮黄備天邊嶺。思到白縧洋外濤。南郡生徒

多二義勇一。好治二詩學一賦二同袍一。

㈣　知本館・温知館の開講

知本館・温知館に就てはその詳細を知ることが出來ないが知本館は明治六年美作の門人、福田久平が有志と圖り郷學を設けんとし其郷たる久米郡吉岡村大戸《ダイト》にその學を行し方谷の來遊を請うたので之に赴き『大學』を講じたのである。爾後閑谷往復の途次、來遊を約したことから始まる。館名は方谷の撰ぶところ、久平に假塾頭を囑して還り。十二月又こゝに來遊して居る。隣邑矢吹正誠が山田を寄附したので諸生に業餘その開墾をなさしめてゐる。

ふみ見るも勤もて行くも一筋の學びの道の步みなるらん

世の爲とおもへば樂し勤つかふ賤しき業に身はやつすとも

その頃の歌である。

明治七年十二月知本館に赴いてゐる。その際矢吹正誠も亦郷學を其の郷里勝南郡北和氣村行信に設け温知館と稱しその二十三日方谷の來遊を仰いで開校式を擧行した。こゝでは「論語」を講じた。明年五月には莊田霜溪（方谷門人）を敎師に聘し七月服部陽輔の嗣子兵彌が之に代つて居る。

明治八年十月閑谷の歸途知本館に赴く、服部陽輔が敎督を辭したので莊田霜溪をその後任に託すことにしたことが記錄に見えて居る。

# 第五章　山田方谷の敎育精神

## 第一節　敎　育　理　想

一、社會的實學主義

江戸時代初期に於ける各藩の敎育方針は主として士人自らの本性を明かにせんとしたところの所謂人文主義的敎育であつた

が、之が次第に君侯の施設を輔佐することを目標とする社會的實學主義に轉じてきたのは享保・寶暦の頃からである。即、初期に於て「文武を學ぶ武士なる者の良知を致さんが爲」なり（寛永十八年岡山藩達書）と考えてゐたものが次第に「學問の儀は治世安民の要道にして人道の根本」であつて「國家の御用に相立つべき致」となつて（天明四年秋月藩達書）きて、遂には「當節には人材教育別して忽に成り難し」といふ程痛切な要求となつて居るがかゝる教育觀の變遷は各藩を通ずる共通的な現象であると石川謙氏は見て居る。氏によればかゝる新教育觀は天明・寛政の頃から實施せられ藩黌に於ける教科内容の如きも自己陶冶より社會改良に擴大し、治國安民の功利的見地に立脚して知識を各方面に求めんとした結果單に精神修養の經典とせられた經書以外に他の實科的教科が重視せられるやうになつてきたと述べて居る。

右の見解から我が松山藩の教育主義を見るに矢張りその例にもれず勝靜公當時の各種の諭達を見るに「共々被心懸候ハバ一統ノ勵、且ツハ自然國風トモ可相成候」（嘉永四年）とあり、又「國勢ノ盛ナルハ士ノ正シキヨリ起ル、士風ヲ正フスルハ文武ヲ勵スニアリ」と明言し、更に「文學ノ儀ハ國家第一ノ儀ニテ」と遂に出席强制にまで進んできてゐる。之明かに社會的實學主義でなくて何であらう。藩主勝靜公の理想もそこにあつた。

「學問所ハ人倫ヲ明カニシ風俗ヲ正クシ人材ヲ生育スルノ場所ニ候人材多ク相成候得ハ其役々備ハリ候、則其處國家安泰ノ基ニテ候兎角子供ヨリ弱キ内善キ習ハシ成候樣ニ導キ候カ第一ニテ候幼ヨリ素讀致シ禮讓進退ニモ能ク習ヒ追々經史諸史軍法書ニ至ル迄廣ク講究致シ躬行ノ處ヨリシテ和漢治亂盛衰ノ際飽迄通達シ實事ニ我物トスル樣深ク心ヲ潛メ研究致シ國家ノ用ニ立候樣教導肝要ニ候詩文等モ心掛ケ候事則一助ニ候我邦ノ人ハ詩文ニ疎クシテ文辭ノ本義モ解シ兼狹陋偏固ノ弊モ有之候然リト雖モ文人詩人ノ風流ニナラヒ武士ノ質實素朴ノ風ヲ失ヒ申間シク我程ヲ心得武士タルヲ躰シ義氣ヲ盛ンニシ氣丈ニ手堅ク可有之候」

即、學問所を「人倫を明かにし風俗を正くし人材を生育するの場所」と見「國家の用に立つ樣」教導すべきものと考えたのである。この指達は藩主の親筆に成るとはあるがこの基本思想は前掲三、四の諭達の思想と共に方谷の思想でもあつた。安政三年の上書に「御國政は御年寄重役之所置次第に御座候得共其内御勝手へ響候政事だけは荒増申上候」とて十ヶ條具陳の中にも「文武の名目にて實用に不相成出方一切御差止之事」といふ一ヶ條もあるやうに實科主義・實學主義的傾向にあつたことは疑へぬ。況や之等の諭達が方谷の筆になりた方谷の意圖に出たと傳へられるに於てはなほ更である。

安政初年の上書「急務策二ヶ條」を見るに、第一條に於て異國船其他騷亂に對し是非武備の必要、緊急なるものがありその爲には平素より積金の必要なるを力說した後で第二條に文武修練の急務を强調して最後に

「乍去俗役を重し文武を輕し候風俗諸士の骨髓に入候事故中々以御教諭の文言少々の御賞罸位にて風俗入替候儀は無之と奉存候、此御取直方如何被遊候哉右の一條も諸士を誹謗仕候樣相聞候へ共是又一朝一夕の風俗には無御座候、尙又諸人一同の儀かく申上候私共も一同の風に連れ自然右の心得違に相成候事多分に御座候事と奉存候」

と痛烈に世風並に自己を反省し、

「右二ヶ條、今日差當り候尤大急務と奉存候、私共今日役向の儀富國强兵の道、第一に心掛可申の處前のヶ條相立不申ては富國の道は無御座候、後のヶ條相立不申ては强兵の道更に無御座候と奉存候……」

と上申してゐる。之によつても窺へるやうに文武修練の道は風俗入替にあつて又富國强兵にあつた。之明かに方谷の敎育理想が社會的實學主義に立つて社會國家の改善寄與にあつたことが言明し得るのである。こゝで注意したい一点は明治時代を貫く國民理想に根强く推進的原動力を與へた富國强兵主義の思想がすでに安政初期方谷によつて唱導されてゐた点である。先覺者方谷の識見に敬服・追慕の情禁じ能はざるものがある。

二、修文練武（文武両全主義）

方谷の敎育理想は文武両道である。文武両道主義は方谷の始めたものでも提唱したものでもないことは勿論だが方谷は敎育の上に文武両道、修文練武の理想を掲げ、之を飽くまで追求した熱度においてまことに深いものがある。方谷の筆になつたと云はれて居る所の嘉永四年二月十四日の諭達に「古語ニモ文武ハ車ノ両輪、鳥ノ両翼トモ有之、乍去、文ナキ武ハ誠ノ武ニ非

ズ、只血氣ノ勇ニシテ眞ノ武勇ニ非ズ」と述べて之を奬勵してをるがその後の諭達にも屢々之を繰返して居る「士風を正しうするは文武を勵ますにあり」「十分油斷ナク實用ノ文武此上出精可有之之事」等と力を入れそれがあらゆる施設の上に具現されて居ることは特に爲政者時代の敎育行績を一瞥すれば肯けるのである。特に水魚の形にもある藩主勝靜公が師範の者へ下されたといふ指達にも明かにそれを見ることが出來る。

藩主親筆寫　　師範ノ者へ

「文武兩道ハ兼備申スヘキ勿論ニ候得共藝術ニ至リテハ生付ノ得手不得手モ有之兩道共難揃モノニ候得ハ心入レハ片落ニ不相成樣心掛ケ可申候師範タル者ハ一方ニ勝レタルヨリシテ引立方モ申付候事故別ケテ片落ニ成易キ者ニ候得ハ能々相心得文學ノ師ハ門人ノ內武藝ニ怠ラサル樣申諭シ武ニ器用ナルモノヘハ別ケテ勸メ可申候武藝ノ師モ門人ノ內文學ヲ棄サル樣申諭シ文ニ得手ナル者ヘハ別ケテ勸メ候樣心掛候得ハ自然片落ニ相成間敷ク候天生不得手ニテ我身ニ出來難キ事ハセメテ門人子供ニナリトモ勸メサセ候得ハ藝術ヘ一方而已ニテモ心計リハ兩全ニテ文武兩道ノ師トモ可申候却テ我身ニ致候ヨリモ廣ク國家ノ爲メニ相ナルヘク候然ルニ一家中ノ人ヲ我得手ノ道ヘノミ引入度ナトヽ存候樣ニテハ畢竟一己ノ私ニテ其末ハ國家ノ害ニ成候事モ有之候間師範申付置者能々可心得事ニ候」

とて兩道は揃ひ難きものであるから心入れは片落に不相成樣心掛けよとこまかな注意をさへ與へてゐる。

「先我國ノ事、御當家ノ御事、御宮ノ御事ヲ奉存聖人ノ道ヲ奉尙候テ修業可有之候唐土ノ風ヲ好ミ仕來リニ違ヒ或ハ今ノ制度ヲソシリ又ハ學力未タ至ラスシテ妄ニ論說ヲナシ自己ノ見識ヲ以テ擅ニ人ヲ誹謗シ放蕩ニ至リ世事ヲ勉メス理窟高遠ニ至リ政敎ニ害アルコトアリ右等ノ類堅ク相愼ミ流弊無之樣心掛ケ可申候一躰ヲ通シテ言ヘハ篤實ニシテ力付キ聞見博クシテ事務ニ涉リ有餘有之樣ニ相成候義專要ニ候

一、文武師範ノ義一藩中子供弱キ者ノ守護ニモ當リ候得ハ銘々身上ヲ愼ミ申サステハ子弟ノ敎導モ屆キ兼可申候國家ノ爲ト存シ互ニ師範共親ミ申合互ニ子弟ノ事ヲモ心付ケ合ヒ子弟ノ內若シ惰弱又ハ不行跡ノ者ハ其師範ヨリ親切ニ意見敎訓モ致

シ夫ニテモ用キサル者ハ文武目付迄内意可申出候夫々師範ノ出精ニテ弱キ者風儀モ能ク見ヘ候程ニ致シ候得ハ此上師範ノ功ニテ候此段モ心得ニ申聞置候急度違背有之間シク事」

かうした教育意見は藩王のものであつて同時に方谷のものである。藩主勝静公に侍講となりその輔佐、御教導申上げた方谷である。「世子君事追々文武御研精被遊驚服之事に御座候、文事は奥田と此方、隔日に罷出御會談被遊候」とその御成長、御上達を祈つてゐた頃からまことに異身同心の活動を續けた方谷である。主君の御教育より文武兩全主義が實施されてゐた譯だ。

修文練武の理想に基きそれが各種の諭達となり、學問所設置となり、道場の設置となり、武術の奬勵、文學の奬勵となつたのである。安政初年の上書に「急務策二ヶ條」がある。その中で云つて居る『文武修練の儀毎々被仰出候へとも諸士の風俗兎角俗役に付繁勤に罷在候を晴の儀相心得文武稽古は若年無役の者又は不首尾に相成候者身分出世の爲に出席仕相應の役に御付候へば繁勤申立候て出席相怠り折節罷出候ても只外見の爲已にて眞實心掛候志無御座、元來、文武は修身の業に候處、文者書物一通り相辨へ武は一流斗にても受候上は是にて相濟候樣心得候もの多分有之と奉存候……何分にも文を學て古今の事跡に通し華夷の情態を辨へ治世安武の制度を相立、武を學て攻守の法に達し戰鬪の術を諳し千夷萬狄をも打破り候程に才智勇略を蓄候もの多分出來不申ては今日の御間に合申間敷と奉存候』と痛切に時局の立場からも修文練武の必要を力說してゐる。方谷にとつては修文練武は單なる抽象理論ではない。藩政運營の上に非常な覺悟と實踐とを要求した所の教育理想であつたのである。而して方谷は修文練武の歸結をどこへ需めたかといふに結局風俗入替と富國强兵においてゐたことは前述の通りである。

而して方谷は文武兩者の關係をどう考えたか、

送坂谷素三郎之江戸序　（號朗廬）

文武並用自古爲然、而文士靡弱緩急無用、奚足與武人匹哉、我觀明史所載倭寇者、益知其然矣、夫彼所尙者文、而我所長者武、其寇於彼者、皆瀕海姦民、於我莫知其名者、而彼畏之如虎、且當是時唐順之歸有光輩、彼一代文雄、而親被寇禍、是以其攻侵之狀、討禦之術、具載之集中、其言憤々、未有得要領以倜儻建之策者、至於順之、則身躡行間、膺督師之任、而再三敗衂竟無勝而罷、夫以一代文雄、與無名姦民、極力相搏、乃不能爲之敵、其弱不可用如此、斯足以見文武勝劣、而彼尙文之徒、亦可以愧死也」、雖然是異域往事、不必論可也、恃怪此間文士不足希唐歸二子之萬一、而今之武人皆世冑勳舊、非夫無名姦民比、尙且比肩並立、動輙曰、文武文武、噫何其洟顏之甚也、然則文武竟不可匹邪、曰何爲然、古之文武合而爲一者也、今之文武岐而爲二者也、岐而爲二、文固不勝武、合而爲一、武賴文而成、謂之文勝文可也、然此豈詞章文字、與射騎陣伍之謂哉、余一文士、久有慨於此、可以共語焉者、唯友人坂谷君」々自幼學之於江都、頃歲歸省、屢與余交、齡才弱冠、沈靜果毅、其作文章、好論兵勢將略之要、如征韓論諸篇、文壯議精、足以見胸中雄奇矣、夙達如此、進而不止、所謂合而爲一者、可以庶幾也」、今茲秋欲再游都下、偏見其豪俊偉人、吾聞幕府新政文武並擧、尤注意於海防、屢下令以戒不虞、其意亦在警文弱之徒歟、風化所及、足以興人、則一旦風汛賊艦蔽海而來、安知一掃蕩平之功、不在儒雅操觚之士哉、君如得其人、上下議論、其亦以余言告之。

（方谷遺稿上卷十七頁）

方谷はかく「文武合而爲一」の態度をもつて望み、世上「文武岐而爲二」を慨し、意氣相通ずる坂谷朗廬に胸中を披瀝してその實感を語つてゐる。この思想と嘉永四年二月の文武奬勵の諭達「文ナキ武ハ誠ノ武ニ非ズ」と述べた思想と相通ずるものである、まことに宜なる哉である。之、文武一元論であつて又教育上の全人主義とは考へられぬであらうか。

## 三、政 敎 一 致

我國に於ける政治と敎育との關係は古代に於ける狀態は二者の分離を見出すことが出來ない。「民を導くの本は敎化にあり、今旣に神祇を禮ひて災害《わざはひ》皆耗きぬ。然るに遠荒人等《とほきくにのひと》猶正朔《のり》を受けず、是未だ王化《きみのおもむけ》に習はざるのみ」といふやうに政治祭祀は渾一化してゐた。それが奈良期に入つて漸く兩者分化の過程に入り寧ろ敎育は政治の領域に屬するものとして扱はれ、鎌倉、室町期に於ては血統家柄を中心に結合した武家集團强化の爲の基礎工作として利用されたに過ぎぬ。江戸期に入つて儒敎文化中心の影響を受け、儒敎が倫理と政治の一體化を本領としてゐた点から敎育は政治の重要なる一面に稽へられ、對中民階級問題が重視せられる樣になつてから敎化を目して「精神生活への政治」と見做す意見と施設が實現せられるやうになつて居る。

即政治強化の爲の敎化、敎育の採用である。明治以後の狀況は殆ど政治と敎育は分離、隔絶の關係に置かれて、今日漸く論議されるに至つてゐるが幕末から明治初年に渉つて活動した方谷の敎育意見はどうであつたか、之は既に前章爲政者時代の敎育活動の節で說明してをいたから詳述する必要を認めぬが爲政者としての方谷が政治と敎育とを一体の形において考え、且つ實施したことは注目すべき点である。

方谷が政治活動中最も頭を惱まし、最も苦心したと考えられる藩財政の處理に當つて如何に人心の機微と心構の上に努力を打込んだか、節儉を奬勵し賄賂を嚴禁したことは勿論、政治機構の上に統一協同を要求し、且自ら責任をとる態度で進んでゐる。

「御勝手取直しと申儀は金錢取扱斗りにては決して成就仕るものに無之、御國政の本相立ち町在中取治め方迄相整ひ候上ならでは、御立直しに至り申間敷候、御政治と御勝手は車の兩輪にて持合せの者に御座候間別葉の通り積り申上候而も、御政事と喰違ひ候而迚も成就は不仕候、乍去此儀は私共役外の筋につき、力に及不申事も御座候間其節は當御役御斷り申上候儀も可有御座候段前以て申上置き候事」

又いふ

別葉荒増の通、御年限中成行き候得ば、七ケ年に御借財は凡四萬兩の拂込と相成り御借財半方の減と相成可申候、其節に至り候得ば、又別の手段を以て御無借同樣に仕度愚案仕居り候、其節私自分何方へ退轉罷在り候共、今一應御呼出被下御相談被仰付候へば愚存申上度候事。

かうしてどこまでも責任ある態度をもつて臨んだのは勿論、節儉奬勵・賄賂嚴禁・文武奬勵の裏に自ら着々と生活の上に實行して範を身を以て垂れたのである。この態度は爲政者の態度として當然とはいへ却々困難な事情もあつて言行不一致となるものであるが他藩の優良なるものと同一に松山藩に於ても方谷の眞劍なる生活を根幹として敎化的政治形態によつてその實績を擧げることが出來たのである。「生活即敎育」といふ語を若し敎師の生活如何によつて敎育が左右する意味に解するならば方谷の政治生活はそのまゝ教化的役割を果してゐたものと考へてよい。

「伏前烈暑に相成候、御揃愈御安清被爲在奉欣候、然者江戸備中屋罷越、土產として金布小紋（一人前宛尺也）壹反、其外少々品物差揃へ相贈り候、右は御勝手御一同へも贈り申候事にや、拙宅斗りに候哉、御一同にて御斷りにも相成候はゞ、早々差返し可申、拙宅斗りの事に候へば、大阪などの例に從ひ御勝手へ差出可申、尙又同人へは相當の返禮の品遣はしに相成候はゞ、上木綿壹反、何ぞ少々差そへ遣はし申度候、何とも乍御面倒右木綿極上の品、今日町方にて御取寄せ此使に御越し被下度、明日にても又々爲持遣はし度と存候、差添へ候品は、先日大阪の砂糖一曲差添へ可然哉に存候間、此分は御留置き被下度奉存候。

右御同役御一同に可申上候得共、些少の事につき、貴家に御賴み申上候、尙返禮遣はし候時は貴家迄爲持差遣はし申候間、宜敷御取斗奉希上候。

先方贈り物、右金巾は御勝手へ差出可申、外の品は金引少々綿紙等にて、差出申候も如何に候間、同人一宿致させ候料にもらい請け可申と存候、右御賴み申上度此の如くに御座候」

かうして物品授受に對する態度に寸毫の曖昧を許さなかつたのである。

方谷はかゝる自己の爲政者としての生活に細心の注意を拂つたのみではなく主君に對しても屢々機會を捉へて建白、上申をなし政治に於ける教化的部面に非常な關心を注いでゐることはかの寬隆公へ直諫の上申書を作り、御養生と御決斷に關して申上げん(?)とした事實に見ても明らかで、次代勝靜公に對しては格別誠心誠意を盡して輔佐に當り、侍講時代は勿論、上申、建白の多きことまことに汗牛充棟もたゞならざる、如何に方谷が主君への教化的役割(?)を果すべく努力してゐたかを知ることが出來る。恐らく政教一致を圖るものゝ第一考えねばならぬのは爲政者自體の教化的資格であるからだ。

この事を更に深く知り得るのは方谷の持つ獄政改革論である。

「獄政を正さんとならば刑官たる人先づ根本の道理を悟り可申、佛門にては善惡不二の眞理より華嚴行願品に有之、諸衆生因ニ其積二集諸悪業一故所レ感一切極重若レ果我皆代受と有之文を會得し、又耆洋教の五族皆兄弟の大道より耶蘇の世界萬民の罪に代り磔罪に遭し事を感得し之を根本として下役同心其の中にて仁愛ありて理に明なる者に此根本を懇々說得し獄中掛役を可申付事」

とて獄中教化の爲知識ある僧侶、心學に長けた人を擇び、淸潔・禮儀・神佛禮拜・長幼の序等を訓練し手業の習練を强調し、永牢の者には別獄を設け尤も教化に力を盡すべきことを具体的に示してゐることである。（獄政改革意見書參照、爲政者時代第二期の項）之こそ政治と教育との最も適切なる握手の實例である。

方谷は七旬有苗格論（方谷遺稿上ノ二十八頁）に於て「夫文武相濟ふ猶兩輪の相須て行くが如きなり、然れども威武の立たず文德得て敷くべからず」と論じ政治家の態度を衝いてゐるのも注意すべき点で方谷がかつて土浦藩を改革した藤森弘菴と論說改革の事に及んだ時、「之を施すの要、先づ君前より始め、次に士庶人に及ぼすべし」と斷じ、弘菴案を拍ちて嗟賞したといふことが傳へられてゐる、まことにこの間の事情をよく現はしてゐると思ふ。

## 第二節　教育態度

方谷に於ける教育態度は最も我々の猛省參考すべきものを見出すのである。その一は、教育を生死一如の相に於て實現してゐる点であり、その二は中を執り正に嚮ふといふ態度である。先ず私は前者よりながめて見よう。

### 一、生死一如（遺言としての教育）の態度

方谷が教育に專念したのは晩年の九ヶ年であるが前述の通り學頭時代、爲政者時代の全體を通じて教化、教育に深い關心を持つて當つたことが分るのであるがこの間を通じて方谷の執つた教育態度の根柢に生死一如の境地と信念を持つてゐたことが特記されねばならぬと思ふ。筆者が最も胸をうつたのはこの点である。一知人から「方谷先生は教育に對する態度まことに眞劍で、毎日の講義はそのまゝそれが遺言であると語つてゐられたさうである」と聞いてから之あるかな、之こそまことの教育者であると感じて、その教育的信念が並大抵でない、是非その根據をつきつめたいと思つてゐた所、遂に見出したものが門人

谷貧敬氏の「逸話」であつた。山田準氏に送られた原稿「方谷先生逸話」といふ中にこの事が書かれてをるのである。

「長瀬ハ溪流ニ沿ヒタル山間ニテ冬季ハ寒氣酷烈ニシテ皆其寒氣ニ堪ヘサリシカ先生ハ毫モ怯レラレス泰然自若トシテ諄々講義セラレタリ。然レトモ毎朝火鉢ヲ先生ノ坐側ニ置キタルニ先生ハ之ヲ脇ノ方ヘ遠ケラレ毫モ手ヲ觸レラレズ畢竟克已シテ堪ヘラレタルヤ又ハ生徒ニ對シ獨リ暖ヲ取ルニ忍ビズト思ハレタルニヤ、實ニ驚嘆ノ外ナカリキ。又先生ノ講義ハ諄々詳細ニ說カレ、常ニ時ヲ移スヨリ、先生ハ遺言ト思ヒ十分講義スルナレバ長時間ニ渉ルモ能ク聽キ吳レト諭サレタリ。又三島中洲先生モ或ル時彖傳講義ノ事ヲ知リ道ノ程近ケレハ聽講スベキモ其事叶ハズ實ニ惜シク思フテ居ル、君等ハ篤ト聽講スベシト余ニ諭サレタル事アリ、彖傳講義ハ明治二年ノ三冬ノミニテ其後ハ開講ナカリシガ左氏傳詩經ハ引續キ毎朝食後ヨリ例ニ依リ開講アリ、刑部ヘ移轉後モ同様ナリキ。故ニ余ハ兩書トモ幾回モ反覆シテ聽講シタリ」

この言の發せられたのは長瀬塾時代と思はれるが、この眞劍なる教育態度は其の後に於ても現はれ、それ以前に於ても流れてゐることが次第に分明となるに從ひ一層追慕の感に打たれるのである。

方谷六十五歳の齡を以て過去一切の政務から解放され專ら教育に專念しようと決心した時、この言のある又一面の理由がある。晩年を教育に身を投じ、老後を樂しむに非ずして活かさんとした心境が窺へることは前節（長瀬塾時代）の所でも述べてをいた通りでそれに方谷平素身體頑健でなく略血に倒れた身に更に鞭打ち、

賊據心中勢未衰、天君有令殺無遺、滿胸迸出鮮々血、正是一場鏖戰時。

と賦したその意氣を見よ、病勢は一進一退、而も之をよく克服して政務に精勵してゐたもので、老後に於ける健康には絕えず深い注意を加へてゐたことは察せられる。

### 諭示文

少昊回レ駕。玄冥司レ節。己巳ニ冬。今日爲レ始。老夫情懷。爲レ之肅然。卿等亦得レ無レ所レ思哉、夫讀書之業、收ニ功於此一時一豈非下以二天地嚴凝之氣能收二斂人之精神、使上レ潛ニ心於其所一レ修耶。然而放縱怠惰玩ニ愒時日一。精神渙散 業無ニ寸進一。奚以ニ

三冬為此卿等固所自知而能戒焉。豈待老夫呶々哉。今吾一片婆心。所以為卿等謀者、蓋有一於此。夫三冬九旬、日行南陸、晝短夜長。乃天之常道、而斷長、補短。為人之當然。補之之方、在夙興夜寢二者。而夜寢之勉、卿等既竭力不怠。今欲益之、唯有夙興一事而已矣。因請詰旦以後、先拂曉五六刻。以至十刻。亦從晝夜長短以為之差等。乃奮起收蓐、盥漱端坐。冠者講義、童子習讀矣、其所閲之書、大抵以一刻一紙、為度。毎晨平準不下七八紙。除臘尾一旬外、八旬所閲、人々五六百紙、其為冊殆一十矣。闔舍五十人、通計為五百冊、可謂夥矣。此特曉前數間所閲讀耳。其餘日夜所經幾多時刻、以準之、則將及數千冊。人々而如此、雖性有遲速、才有鈍鋭、而不各隨其分進得一層者幾希、是則老夫婆心所望卿等。而卿等亦得不諒其心哉。嗚呼我日斯邁而月斯征。兄弟戒暇逸之詩也。而良晤一散、邈乎河山。朋友惜離索之詩也。古往既如此。今來安得不然。卿等不問遠邇、擔簦負笈、盍簪於山谷之間、豈非天然失緣耶。然而老夫衰朽日甚於一日。明年三冬、不可保其存焉。卿等雖青年、歸養各有定期。豈亦得久於此哉。今而思之、感愴曷勝。幸諒此婆心、黽勉於九旬之際。果有見上進之效。則卿等今日之盍簪不為無益。而老夫後來先朝露之日、亦無悔已矣

己巳十月朔錄示

長瀬溪舍主翁

「老夫衰朽日甚於一日、明年三冬不可保其存焉」と死を豫想せるもの〻如く充實せる一日一日を暮すやうに諭してゐるその態度の中に生死一如の教育が展開されてゐるではないか。老弱と戰ひつ〻後進の教育に專念する姿は寧ろ悲壯である。小阪部塾に移轉後の書狀にも、民族斗眞の鄉校をも夢みつ〻而も埋骨の計をも致したいと述べてゐるのは單なる引退氣分ではない。

「御生徒追々多人に相成候由御世話强の段御尤の至に存候乍去御强年の事故何卒此上御精勤專一と相祈申候當方生徒も不相替雜沓新入も段々有之衰力迚も及候事に無之今年限にて一切沙汰いたし無據遠來の徒少々相殘し可申かと存居候先日坂田丈介よりも傳言申越早春にはまいり相談可申由にて是は諸藩を斷り民族斗眞の鄉校にいたし度と申越候是も尤の當地も同樣鄉校の事に候間其法に倣候も可然かとも存兩樣未決に候へ共七八分は散歸爲致追々は當地にも一草庵を結候て先日御一見被下候

詩中埋骨の計をもいたし度と存候實は老朽のみにあらす先頃の孫を失候より益精力衰弱勉强は罷在候へ共迚も此上の取續きは出來不申此段御推察可被下候」

之は同じく學舍の經營に精進してゐる三島相南（中洲）に心中を披瀝したものである。方谷はかく常に死を考えつゝ如何に活くべきかを考えてゐるのである。かうした衰弱の間にも長瀨、小阪部の兩塾の經營はもとより備前閑谷黌の再興とその發展の爲前後七回、永眠の年の七月まで遙々と老軀を運んでゐるのだ。久米郡大戸の知本館、勝南郡行信の溫知館への來遊はなほ更だ。

方谷にとつて死ぬることは生きることだ。この信念を語つたものがかの戰陣の說である。

「耕也今汝行矣乎予贈汝以戰陣之說古人有言臨戰欲生則死欲死則生此其實地經驗之言矣然予也嘗謂苟信斯言以欲死乎未免有欲生之念與夫欲生而死者其間不能以寸不如生固不欲死亦不欲脫離生死二者而欲合於忠義也雖然忠之與義有職有分今汝之職分在於能打砲而已在於能殺敵而已則臨戰之日念念在玆而不交以他念他念纔二交非所以合於忠義也非所以脫離生死也而況於有欲生欲死之念乎予雖未經戰陣而用心於脫離生死之學也久矣故居常以爲所學之言爲未盡也今也臨汝之行書斯說以與焉使汝驗之於實地矣汝若得生於生死之外而歸乎則將質斯說之當否也汝上勉旃」（元治元年方谷六十歲）

長州征伐に赴かんとする養嗣耕藏君へ與へられた餞別の言葉である。なんと鮮かな死生感ではないか。「欲生則死、欲死則生」之が我子への家庭敎育である。

この戰陣說を見て方谷の敎育的信念が單に老衰と戰ふ心境から生れたものではなく方谷平素の修養によるもので淵源は深いと云はねばならぬ。

かうした心境が成長してきた最初は或は禪の修業にあつたのかも知れぬが、藩主を輔けて東奔西走、波瀾萬丈の政務に精魂を打込んでいく間にその多くを培つたものと思はれる。特に又陽明學的な敎養からも根深いものを得たであらうことも推察に難くはない。開鎖兩論は勿論數多の國論沸騰せる折柄、公を輔佐して東行してゐる際刺客の狙ふ所となつたとき歸國後親近に

示していふに、

　散りてこそ花の數なれ色も香もなき深山木は風もさそはず（文久三年）

と詠じてゐる。なほその年再び召されて京都にあつた時にも暗殺の心配があつた時公は邸中に移寓をすゝめたに對し、方谷は「老臣の危險を慮り移居を命ぜらる、思意至重なり然れども暴徒來襲を聞いて怯怖遁避せば武士道の面目に關す、敢て命を奉ずる能はず且臣自ら謂ふ、臣が謀議する所、皆國家の爲に公明正大の道に出で自ら省みて疚しき所なし、暴人若し來り逼らば臣徐に開喩する所あらん、彼尙頑然悟らずんば路上狂犬に噛まるゝが如し、臣が不幸のみ、一死憾む所なし」とのべて居る。そこで公は竊に藩士數人をやつて微行警衛に當らせられたといふやうな調子である。

　明治元年鎭撫使來藩謝罪書を徵した當時、大逆無道の四字の不當を主張して一死を覺悟した際の書に「徹藩之大變、別而不申上共御承知可被下、時運之所至、可致樣も無之、甘就死、喜全節候巳に御座候、胸中毫も無遺念、此段御安心可被下候」と姻族矢吹久次郎に差出してゐる。

　かうした間に人物を練成した方谷に、生活一如の敎育感が生れるのは寧ろ當然かも知れぬ。然し過去及現在多くの敎育家群を見るが、敎育を遺言として位置づける程の態度を示した人を寡聞ながら余り聞かぬ。若し日本敎育學が完成する日がきたら日本敎育にかうした敎育態度のあることを强調される時がくるであらうと思ふ。

方谷宅に不幸があつた時である。三島桐南に出した書狀の一節がある。

　　方谷先生狀　　　（魚水實錄下卷六三九頁）

御專价御書面拜見いたし候如喩和暖に赴候彌御康寧珍重奉賀候老朽無事乍憚御安意可被下候愚女死去の節は御弔書且御奠物迄御贈被下御厚情萬謝不啻候御察の通一旦は痛哭に及候へ共無幾大悟一笑いたし候二十年幻夢一覺いたし候のみに無之萬物皆如此と方寸却廓然たるを覺申候　（三月二日）

かうした前書の後へ七項ばかり要件を記してあるが追記に塾經營上の問題に就いてその計劃を語つてゐる中にも大悟徹底の

境地が窺へるのである。即ち、

「尚々五位様御直書御返上いたし御落手可被下候犀溪へ一書遣申候御届被下度願上候

又復拙老事御案思被下候處不相替教授いたし居候に付御安心の御由御懇情誠に忝存候

今般の不幸に拘候事には無之毎々申述候昨秋頃より一段の衰弱に至候て迚も難續候に付ては今を幸に休業いたし度と存候處それにては益弱り可申と醫師其外よりも俗論を申聞候故無據少々宛勉强いたし居候迄の事其内には塾生散し盡し候て近村の童子斗に致眞の鄕校にいたし後住僧を居へ置可申と此節其設のみいたし居候右の通に成候ても決して不幸の弱り出候には無之此段御安意可被下右の次第故歸宅も七八月に無之ては致し兼候御面會は何れ秋に成可申其内には又七十年の幻夢覺候かも知れ不申其時は天地皆空無此上安心に有之候」

衰弱しつゝ行く中にもなほ敎育を續行し、大悟死を迎ふ用意がちやんと出來てゐる。明治九年、即永眠の前年七月閑谷に遊び知本館を經て小阪部に還つたのが巡講の最後で、九月腫疾に罹り十一月蓐に就き十二月病勢頗る進み諸生歲末の爲歸省者が多かつた、その時監講に示した一詩がある。師弟愛の溢れたこの詩の中に盡きぬ味はひがある。

何物《ノ》二豎欺《ク》吾衰《ヲ》　三冬乘寒犯弊帷　七十老夫羸叉極《マル》　帷中《ノ》業緒總《テ》絶遺《ス》

獨喜《ブ》諸子强禦力　嚴《ニ》立課程踐定規　屡々循《タル》序長幼順　冠者比肩童子隨

雪朝開戸起《キルヿ》毎早《ク》　霜夜挑燈眠《ルヿ》更遲　晨《ニ》誦《シ》夕《ニ》讀《ミ》無寸退　進步却《ツテ》見《ル》倍《スルヲ》平時

嗚呼遭變固《ク》守《リ》强《キヿ》如此　合衆協徒和如斯　强而《シテ》且和大其德　百行何事不可爲

雨雪霏々歲《トシ》云暮《ニル》　人々同及《ブ》省家期　治任四歸散《シ》似《シテ》稜　各來病牀告別離

此別豈比尋常別　欲告我喜盡吾辭　不奈病勢未全退　纔勞口《シテ》舌神已疲《ル》

祇合《サニ》再遊《スヘシ》病癒《ル》、日　一堂春風話所思　再遊況又服成節　詠歸相伴《フテ》樂淵々《タリ》

## 二、執中嚮正の態度

方谷は程朱に出で王學に入り、更に之をも出でんとするやうな學的教養をつんだ人である。波瀾萬丈の裡に出入して「昊天疾怒雲千變」といふ境域を踏み、學徒の時代にも佐久間象山等と劇論通宵休まずといふやうな時もあつたのである。然し愈々自ら教育者の立場にをかれた場合、方谷はあくまで責任をとり決して激越な態度や急激なる教說を謹み、中正穩健の道を選び、人によつて法を說くの態度をもつて臨んだ。

文久三年深卿君(耕藏)が雜感十律を江戸より寄せた時復書して曰つて居る。

「書生間にて第一可戒事は妄に慷慨之文詩など作候事無之樣致度候、先般は十律之近作被差越、感吟之至、詩格は一層上進の樣被存相悅申候、乍去慷慨之事に涉候處は一切删去候樣被致度候、何分學問之根柢は孝悌忠信に止り可申、論語開卷第一義有子之言眷々服膺可致事に存候、進來書生時事を妄論致候類は决而聖學之本意に無之候」

と誡めて居る。中正なる態度を要求してゐることが分る。この事は王學に對する態度に於ても同樣である。あれだけ學的煩悶を經て打開し來つた陽明學に對し、直ちにその講義を始めるやうなことは差控へてゐた。小阪部塾に於て平素經を講じて多く朱註に依据して行つてゐたが諸生に王學を聽かんと欲するものが多かつたので古本大學の開講を始めたのであるがその時示した講讀主意を見るに、

「當塾他塾を不論、章句にて聽講已に相濟み、又は章句、或問兩書通讀終り候上、章句にては實地之行難成と存候に付き別に入學之工夫求度と眞實に思込候人へは古本の大意一應講讀に可及候、章句之通相守り、隨分實學可相成と存居候人者尤可嘉之至に候間聽聞に及間敷且童子者勿論無用之事

右熟考之上彌聽聞致度と存候人は、名前可被申出候事」

と、考慮を加へて臨んでゐる。方谷自らは王學を主としても子弟の教育には初學者が王學の旨を誤解する時は虛寂或は放肆に

流れて危險であるから寧ろ朱子學の着實穩健なるに如かずとして朱註によつたものと思はれる。

## 第三節　教育方法

### 一、藩學に於ける出席の强制

教育の三要素は教師と學徒と教材だとよくいふが學徒即生徒兒童が重要なる對象たることは言を俟たない。然るに學徒が出席してその指導を受けざる時は教育の遂行は完全たることが出來ない、こゝに學徒の出席如何が問題となる。勝靜公を輔けて文武の奬勵に當つた方谷當時の諭達を見るに、嘉永四年二月の頃は

「是迄文事に志無之壯年ノ輩ハ猶更ノ儀、以來ハ勤テ學問可被致候……重役並其以下或ハ繁勤ノ面々タリ共餘力ノ砌リ有終館へ出席被致共々心懸候ハバ……」

とあつたが、翌月に於ては

「弱年衆中此上一段出精可被致候事」

と强調し、翌年(?)正月になると

「今般借上ゲ米ノ内現取五歩方年々指戻シ遣シ候……只文武ヲ勵ムノ一助ニ致シ遣シ益士風ヲ正シ國勢ヲ盛ニセント計ルノミ……」

と教育奬勵米を出すことゝし、次には(五月)

「是迄文武出席帳、六月十二月兩度ニ差出候得共、以來ハ毎月改前月分翌月十五日師範ヨリ近習頭迄差出樣可相定候事」

と出席簿の勵行といふことに押し進め、ついで

「御趣旨難叶候間、老弱ニ拘ハラズ出席可被致候」と

繁勤、老年の蔭にかくれて文武の修練を怠らんとするものをも鞭撻したのである。そして遂には、

「以來有終館會日百石以上ニテ三十歳以下ノ者ハ不殘是非共出席可致候、高以上モ（五十石以上ヲ高以上ト唱フ）準之成丈ケ

出席致シ高以下ノ者并三十歳以上ハ勝手タルベク候得共心掛ケ出席致スニ於テハ一段ノ事ニ候」
と出席の强制を實行したのである。

藩學にして出席强制に就て論をなし、或はその實施を圖つた藩は多いがこれ程具体的而も組織的に之を施行した藩は必ずしも多くはない。これ實に就學義務制を施行したものである。

義務教育制を說いたものには林信篤あり、室鳩巣がある。執齋、子平がある。然し是等の先達は出席强制の必要を說いたのみでその方法まで徹底的に說き到つたのではなかつたが、こゝにその方案を詳密に說き及んだのが、かの有名な廣瀨淡窓である。淡窓は、

「諸公子ヲ始トシテ家老ヨリ步卒迄の子弟十歲ヨリ二十四五歲マデ部屋栖ノ者ハ不殘出席セシムベシ……奉行ヨリ名前ヲ帳ニ錄シテ上ニ達シ、其人成長シテ家督相續スルニ至テ始テ其支配ヲ離シ、其帳ヲ消スベシ」

と學齡兒童名簿を作つて出席强制を圖るの案を出してゐるが、方谷に於ける態度は藩學々制の上に是を實施したのである。その方法に於て、も早や實踐案であり、實踐案としてもまことに要を得たもので特筆するに足る具体案であつたと思ふ。

## 二、訓育方法

### 1、天性に從ふ

方谷は子弟を教導するに各自の天性に從つて對處した。偏靜を好む者、窮理思索に過ぐる者それ〴〵に從つて或は活力を與へ或は日常簡易の道を勸め、その人によつて道を說いた。かの「師門問辨錄」に夫々門人を見て道を說いてゐる樣子等まことに懇切なものがある。初學者に對する態度と相當程度の教養者に對する態度とはその扱ひを異にしてゐた点は前述教育態度「執中嚮正」の條で記した通りである。

家君少時在塾の折、嘗て眼を病み暫く歸鄕を申出られた時、直ちに許されたが辭去せんとした際、獨語諷詠「死生有レ命、富貴在レ天」あり、之を聞き思はず感じ且は愧ぢこれ程の小疾を恐れて歸鄕せんとした自己の態度を悔ひ、その止まつて

藥濟治療ですませたといふ。又ある人が外容に拘はり、形式に泥むのを見て誡めていふに、

欲下修二邊幅一掩二上庇瑕一、齪齪安ゾ能成二大家一、百圍巨木棟梁用、枝幹何ゾ曾着二一花一　(方谷遺稿下卷十三頁)

2、實行を尚ぶ

方谷は單に空理空論を弄ぶやうな人ではないことは既述の通りで、生徒達にもその事が理解されたかどうかを實行の上で確認しようと力められたことは門人の語るところでも明かである。

「余等平生經書輪講ノ際互ニ議論ノ末、先生ニ其説ノ可否ヲ質問セシニ其可否ハ一言モ答ヘラレズ唯實行シタルヤト詰問セラル是レ經義ハ體得セズシテ議論ノミニテハ其ノ道ヲ得ル能ハサルヲ戒メラレシモノニテ先生ハ自身實行體認セラレタルヨリ戒メラルヽヲ以テ其言甚ダ剴切ナリキ、先生ノ學問ハ實學ニシテ普通ノ儒者ノ及ブ所ニ非ズト敬服シ居タリ」

(谷資敬、方谷先生逸話)

かうした訓育法は王學に於ける知行合一說からも現はれてゐることは勿論駄言を要すまい。

3、生活を指導す

實行を尚び、行動を重んずる立場から自ら生れ出るものが生活の指導である。生徒の日常生活を如何に教導するか、生活の上に學問を如何に活かすか、儒學の研究も單に學問の爲の學問研究ならば人間完成への途ではあり得ない。日々是學問日々是重大事件である。方谷は子弟の教養に小さい事柄に就てもよく注意を與え、處すべき態度を誨へて居る。

一門生が老親に辭して東遊せんとした時の訓戒の如き懇情迫るものがある。

『家に老父母あり、而て之を辭し遠遊勉學する者、毎日淸晨遙に父母を拜し畢り、輙ち須く思ふべし、今日の光陰實に愛《をし》むべきの日たり、(揚子法言に曰、孝子は日を愛む)而も之を遊學に費し、定省を闕き、溫凊を曠《むなし》うし、(曲禮に曰、凡そ人の子たるの禮、冬は溫にして夏は凊くし、昏に定めて、晨に省る)父母をして遠望の憂を懷かしむ、天地間の一罪人たり、然れども今日學ぶ所の業乃ち重大事件、定省溫凊に勝る者あり、故に寸陰を競ひて、其業を成し、然る後歸養奉歡、僅に以て其罪を贖ふに足ると、反覆思うて後、速に業に就き、夜間又終日學

ぶ所の業を把りて、一々點検し、其重大果して定省溫凊に勝る者ありや否を考し、心神已に安くして、後敢て寢に就く、此は遊學中第一緊要の事なり、若し一日この念を沒了せば、不幸の罪竟に免るを得ず」

方谷はかく一人の塾生にさへ懇切なる指導を與へてゐるが、かうした態度は長瀨塾以來に於ては特に意を致してゐるところでかの「學規五條」の如きはそのまゝ生活指導の指標である。

方谷は生活指導の内容に何をとり入れたか、

▲祖先父母への孝養

▲規律節制ある生活

▲清潔整頓

等々いくらもあつたであらう。

學規五條はその一つの訓育方案とも見られるのである。

一、朔及初五念五日並休會講。童子課業。亦隨意放休。若夫晨興夜臥之限。不許違平日。童子淸書作詩。以是日檢正焉。

一、除歸省及往遠外。不許他宿。途上疾作。或有故不得還。則專使報告焉。

一、每朝遙拜祖先父母之儀。爲遊學中第一之禮矣。童子遺忘者。典儀戒告焉。或不能從儀者。無論冠童。速退塾歸家。各拜禮於其祠堂。定省於其膝下爲可。其勿滯在地方而闕爲子之禮也。

一、新涼方至。燈火可親。三冬亦非遠。爲夜學好時節矣。各寮相警。不許假寢怠業。須炷線香以量刻。定就寢之時焉。

一、灑掃雖童子所當務。而朝夕定節之外。冠者亦須加意合力。使寮内外常淸潔焉。傘笠履屨諸品。最要整頓。若夫猥用他屨失禮之甚。童子或有之。則典儀戒焉。

三、教授方法（學習指導法）

1、學　科

方谷が採用した教課は論語・詩經・春秋左氏傳・日本外史・史記・資治通鑑・韓非子・莊子其他經子・傳習錄の類を私塾教育に於て採用してゐる。

藩學に於ては四書五經・十八史略・日本外史・大日本史・十三經・二十二史・資治通鑑・宋元通鑑・諸子文集等が採用されてゐたやうで之を全部方谷が担當した譯でもあるまいが、その大要を知ることが出來る。

なほ藩學に於ては漢學の外國書、醫學あり劒槍の術もその重要なる教科であつた。

私塾・鄕學・藩學の教育教授を通じて方谷の特に關心をもつた点は和・漢・洋の學問、殊に洋學であつて又、衰微期に入つてからは輕視されんとしつゝある漢學への尊重にあつたことだ。洋學は結局方谷自身のものとはならなかつた樣であるが之を教科として大いに活用すべく努力した点は特筆すべき点で之を私塾教育の上に採用しようとしたこと等まことに其の識見の卓越に感嘆するのである。

「當所鄕校も僅の村童のみ教育の事故誰にても宜敷何卒毛利引受呉候へは大に宜敷候へ共老拙引取候後を獨任致候事は定て承知いたし兼可申今般居置候も當分の名目のみに相成可申と被存候もし可然人御考御座候はゝ被仰下度希上候且又童子へ洋字も爲習置申度と存候て渡邊松茂を呼寄置候處又遊學いたし度由にて退塾いたし申候其手當の人無之困り居候外も聞合居候へ共當ては無之是亦御考の人も御座候はゝ御申越被下度奉存候老拙事は今般も只寄寓の居にいたし少しも教授には關係無之様いたし申置候積に有之當校の事は萬事矢吹の入費にて少しも官費無之村方よりも一毫の出財も無之與讓館抔とは大に違候振合右に付ては教師も誠に月俸無之と申位の事にて別に謝儀等の當は無之此段も承知の人に無之ては差置候事も六か敷候間御含の上御考被下度希上候其內壹人の力次第外近村よりも入熟等致候へは其謝儀は得分に相成可申是又御承知可被下候不一

六月三日　　方谷（山田）

桐南兄（三嶋）座下

小阪部塾時代のものであるが教師物色に骨折つてゐる樣子が目に見えるやうだ。明治六年岡本氏に與へた閑谷黌經營方針によれば、「和漢洋万國と順序不亂樣、可教事、漢文は尤も力を用ふべき事……」と指示し經業・史學・地理の諸教科を採用して右の樣な指針を示したのである。

漢學は勿論、方谷自身のものであつてその教授はその本領である。然しながら衰微の徵を示し來つた當時に於て感じた方谷の感懷も又一の參考となる。

「兄御身上の出所大事件川田より訊問に付御价書態度御差越御書面逐一熟讀御申越の次第は第一名節第二造物者第三漢學衰微第四活斗難立第五功業可成右の條々御自省御尤至極に存候愚案に於ては大要御出仕の方可然事に相考へ候何卒早速御承知の御答御申遣有之度御慫慂申進候右條目に付ても愚考致候は第一の名節は御考の通最早一毫の障りも無之明白なる事に御座候第二造物者と申も別に一物有之にはあらず我が方寸惻怛不忍の心が則天地生々の造物者に可有之候其心に正しさへ候へは御書面に有之候造物者の意に叶可不叶かは明に相分り可申一毫も其心に於て恥る處無之候へは則其心に叶候印にて候一點の恥る處有之候へは則其意に不叶にて別に上帝ゑも天主にも尋問に不及又是斗は他人の所知にあらす右は百も御承知申進候に不及候へ共例の老生の常談御一笑可被下候第三漢學衰微は可歎事勿論に候へともかゝる時こそ却て其學を固守し後世に傳へ候て爲往聖繼絕學爲萬世開太平の志を立申度時節此上時勢により伏生の口授にも及不申ては不相成事も可有之候へ共是は又其人可有之人に皆如此可致にも無之無理に破れ家に住居可致にもあらすと存候是も御一笑可有之候第四活斗の不立には一言も無之則敝屋にても御同一患御尤の至何も御申越の一身糊口を憂候のみに無之八口の養も有之第一敝屋抔にては祖先の祀を絕候樣に成候ては是者一大事と心痛罷在候此儀は下文別に御相談申上候御一考被下度願上候第五功業の一條川田の見込に有之候へは必相違は有之間敷此時節に至り候は實に可賀の至に御座候併前文申述候老生の談より申候へは是亦不忍の心より出ると不出とは他人の所知にあらず候へはたとへ驚天動地の功業有之候ても其是非は外よりは何とも難論事と存候先右の條目に付ての愚存は如此何分前文の通今般は御出仕の外は有之間敷事に御座候爲天下蒼生萬々御賢勞有之候樣祈望の至に候（本文は關係なき方面もあるが教育方法をも暗示するから全文を揭げた）

2、時間配當

藩黌に於ける時間割は大体素讀は朝五ッ時より九ッ時迄讀師三、四名で一人毎に敎授し書八ッ時より七ッ時迄復習、講義生は五ッ時より或は四ッ時、九ッ時、八ッ時等職員の都合によつて始業時を取極め、凡そ一組の講義月六回又は十二回となつてゐた。私塾時代のものは今明瞭でないが長瀬塾の學規五ヶ條や諭示文から推察するに相當朝夜とも努力させてゐたものと思はれる。

3、敎　法

A、全体觀的敎法

方谷は讀書方法に全体觀的見解を以て當つてゐる。まことに適切な而も現代國語敎授法を裏づけるやうな解説を圍碁の喩を以て述べて、圍碁の上達者は一隅の危きことのみに囚はれず全体的大勢から局部々々の聯絡を圖り遂には全局の勝を制する樣を巧みに讀書の法になぞらへてゐるが之はまことに暗示の深い說明で、今日讀み方敎授思潮からみても非常に進んだ考え方だ。一義一句の難解にこだはらず全局から之を解決すべきことを敎へて之を武將の用兵、人心一轉の上にも思ひ及ぼしてゐる。

之は門人谷川・嶋村・岡本の三氏への「敎戒」として示したものだが參考になる。

棋　諭

嘗觀圍棋者矣、高手之制勝也、其初一隅受圍、攻守不解、勢殆危矣、則置而不顧焉、更圖一隅、其勢猶前之危也、又去之他、及其黑白滿盤、形勢聯屬也、忽然變化、數隅之圍自解、竟成全局之勝矣、低手之取敗則反之」、吾於是乎有悟讀書之法也、一義之難解、一書之難了、問於師、質於友、尙未滿於心、疑團凝結、神困氣疲、則脫然置之於度外焉、或瀏覽全編、或博涉他書、時時有省焉、處々有應焉、於是前之所疑、渙然氷解、其快有不可言者矣、因自奉以爲良法、又擧以誨人矣、不然厭倦廢業之患從是而生、是則讀書之敗兆矣」、後讀國史、至於慶長關原之役、德川公之世子歷山道會役、而貪沼田之戰、遂後會期、公嚴責之、喩以棋勢、即擧此法、以戒後來矣、夫武將之用兵、文士之讀書、皆同一理、如合符節。要之在滯不滯之間而已矣、嗚呼大氣運動、變化無究、人心一滯、而百障斯生、天下之事孰有不成於不滯、而敗於滯者哉（下略、方谷遺稿卷中三十五頁）

近年讀方教授、國語教授に於て文意の大觀、大意の直觀といふ樣な教法が頻に問題となつてゐるが方谷に於ける讀書指導法はその意を述べてなほ深い暗示を與へてゐるではないか。

富松季念に與えた書にも古書を讀むには大法、大意の把握の必要なることを説いてゐる。

「古人の書を讀む者、其著作の文を讀むには先づ其體裁の大法を觀、其編集の書を讀むには先づ、其編次の大意を知りて後漸く書中の義を求めば其義根幹ありて枝葉自ら達し條理貫通、意味渾然作者の意得て窺ふべきに庶かゝらん、若し然らずば性疎なる者は支離滅裂し、性密なる者は穿鑿附會せん、之を路を行く者に譬ふるに未だ東西の大方を辨へずして、多岐の地に捜索せば其心を勞する、徒に益なきのみならずして其終に大澤に陷らざる者幾希ならん」

B、教科課程に排列、順序の尊重

方谷が「史學は和漢洋と段々順序を立て究讀可有之……幼童より地理史學の二科を第一に教授之事、是も和漢洋萬國と順序不亂候樣可教事」と閑谷校經營指針を述べてゐるが之は方谷が教科課程に於ける指導組織に關心の深かつた證左で、王學を聽かんとする者があつても直ちに開講せず「入學之工夫木度と眞實に思込候人へは古本の大意一應講讀に可及候、章句之通相守り隨分實學可相成と存居候人者、尤可嘉之至に候間、聽聞に及間敷、且童子者勿論無用之事」と教科に於ける程度と修學者の程度を考えて答へてゐるのである。

# 第六章　結論

明治十年六月二十六日、偉人山田方谷、悠然として遂に逝く。七十三年の生涯がこゝに終りを告げたのである。教育家山田方谷の姿も地上から消えたのである。然しながら偉人山田方谷の教育精神が永遠に地上から消え去つたであらうか。

遺言は生きてゐる。遺言としての敎育は生きてゐる。骨を埋めて魂は活きてゐる。永遠の方谷は今に生きてゐる。そしてなほ將來に生きるであらう、否、方谷の敎育は生前にも生きてゐた。

獨喜諸子强禦力　嚴立課程踐定規　駸々循序長幼順　冠者比肩童子隨
雪朝開戸起毎早　霜夜挑燈眠更遲　晨誦夕讀無寸退　進步却見倍平時
嗚呼遺變固守强如此　合衆協徒和如斯　强而且和太其德　……

明治九年十二月、即病勢頗る進んだ頃の塾中を賦した一詩だ。「不奈病勢未全退、纔勞口舌神已疲」といふその容體の中にもかうした喜びを味はうものは誰だつた？　そこには「祇合再遊病愈日、一堂春風話《サン》所思」と溢れるやうな慈愛が流れてゐた。

「文明興學遍村閭、二郡山民亦挾書、欲問當年藤太守、貞觀政治定何如」

恐らく爲政者時代の所懷であらう。二郡山民亦挾書と二郡とは松山藩下の北部二郡であらう。哲多郡はその一つだ。筆者乏しきを哲多郡（現在阿哲郡）則安村（今、本郷村）に生を享け松山藩下の舊治民としてかつては我等の父祖がその惠澤に浴した事を思ふ時、ひとり目蓋の熱くなるのを禁じ能はぬものがある。

行知民俗嚮斯文　挾册村童來往紛　一字衡茅嘗始就　幾郷子弟聚成群
導民祇合全眞性　經世何須希洪勳　休怪應需繙大學　持於明德致慇懃

作州の鄕校で賦したとあるから知本館か溫知館であらう。「挾册村童來往紛」と、文明興學は單に二郡のみではなかつた。備前にも作州にも、否五畿・東海・北陸・山陽・山陰・南海・西海到るところにその敎化の華が咲いた。そのかみ敎を垂れた恩師丸川松陰の墓を詣でた明治三年「日にそへてしげるむぐらを分けつゝも君の敎の道は迷はし」と師を偲んだ方谷は又偲ばれる師として永遠の未來に生きるであらう。

私はこの研究に於て更に門下生に生きる方谷の姿を考察したかつたのだが、も早その餘裕なくこゝで一先づ打切ることにした。備中一圓に分布する私塾寺子屋と師匠との關係や王者の師ともなつた三島中洲翁の活動に於ける方谷の精神を始めとして方谷に交はり方谷に觸發された多くの知友、或は明治期に於ける岡山縣敎育の源叢としての岡山縣師範學校に訓導として活躍したかの門人進藤貞範の敎育活動等々方谷の敎育活動と敎育精神に再生邁進した幾多の敎育家群の研究に手を加へる豫定であつたが時日もきたのでこゝで一先づ切上げることゝした。

## ▲参考附録

### ◆方谷門下生一覧表

一、松山藩黌及牛麓舎

| | |
|---|---|
| 松山藩士 | 大石隼雄（如雲） |
| 仝 | 進　昌一郎（漸、祥山、鴻溪） |
| 仝 | 三島貞一郎（毅、中洲） |
| 仝 | 三浦泰一郎（佛巖） |
| 仝 | 高野文五右衛門 |
| 仝 | 渡邊貞助 |
| 仝 | 服部陽輔（犀溪） |
| 仝 | 神戸謙次郎（秋山） |
| 仝 | 林　富太郎（柳齋） |
| 仝 | 神戸一郎（景顔） |
| 仝 | 東　謙次郎 |

松山藩士　荘田賤夫（霜溪）
仝　吉田寛治（藍關）
仝　中村長遷
仝　兒玉泰順
毛利宿禰
備中國淺口郡大島村（弘化元年來學）　原田一道
美作、美甘　横山廉造
京都（舊師、白鹿翁ノ子）　寺島義一
越後、長岡藩（安政六年來學）　河井繼之助（蒼龍窟）

一、長瀬塾

1、舊高梁藩　▲印ハ監講

澁川莞藏（板倉信古）　山口忠雄
大石豫太郎（如雲ノ嫡男）　▲谷直吉（資敬）
村田作之進（光道）　木村秀雄（澁川莞藏弟）
小野田力（海野光淑）　▲服部兵彌（脩）
水谷謙吾（谷直吉弟）　澁川猛夫（木村秀雄弟）
▲金田酉二（春如）　毛利八彌
岡田精之進（正義）

2、備中

中津井　▲室　又四郎　室　恭次　室　佳太郎　室　格治
唐松　村上　丑郎
入野（千屋）　安藤　文平
千屋　太田　歌藏　太田保二郎
成羽　▲岡　復三郎　▲波多野重太郎
井村（上市）　矢吹正太郎　矢吹茂次郎（發三郎）
水田　杉　俊平　戸田充太郎　八藤　歌次
井ノ尾　森谷　藤平（滿三郎兄弟）　室　虎太郎（直養）
野山　難波　茂平
新見　田中　貢（富谷）
有漢　綱島規一郎
上平田　森谷清三郎
正田　近藤健三郎
湯川　古林　俊次
高梁　平松丑太郎

3、美　作

津山　上原義之助（池袋義三郎、日向都城住）　正木武二郎
上原方之助（難波方四郎、義三郎弟）　佐々木兵一郎
宮地　誠菴（守一）　中尾與之吉（深造）　土居寅次郎

久世　平田平四郎　杉山照太郎　武村常次郎　福井豊一郎
勝山　大雲寺治部卿　淺田　門平（靜夫）
目木　福島熊一郎
大戸　▲福田　久平
栗原　松田道之介（道三）　松田晋之輔
關　鈴木　行三
西河内　井手　毛三（前代議士）

### 4、伯耆及備後

二部（日野郡）　▲足羽　學（明治二年興讓館轉學）
東城（比婆郡）　沙門　良淵　村田　省三　名越　鎗藏
▲水田平四郎（興讓館轉學）

（以上六十三名ハ明遠耕藏氏ノ自筆ニカヽル「無量壽堂書生名簿」ニアリ、明治二年ノ記述ナラント云ハル）

## 三、長瀬及刑部《をさかべ》塾

（明治三年長瀬ヨリ刑部ヘ移塾ス、大半ハ刑部來學ノ士ナルモ兩塾ニ渉ルモノ、又ハ長瀬ニ限ラルヽモノモアリ、判明セザルニヨリ併記ス）

### 1、舊高梁藩

▲進　乾吉（鴻溪長男、明治三年長瀬入塾四年退）　伊藤　市太郎
鎌田　眞一郎（玄溪長男）　佐藤　彦四郎
鎌田　賢三郎（玄溪三男）　金田　貞三郎（酉二弟）

渡邊松茂
三原元一郎
辻孫子
卯木仙太郎
林剛夫
梅尾虎五郎
門田哲一（正英）
福西助二郎
石川主一
渡邊義太郎（兵彌兄）

2、舊新見藩（但藩士外ヲ含ム）

關忠（字士烈、藩老大橋求馬二男）
林愼太郎（卷太郎兄）
柳周三
河和虎太郎
上田寛藏
室恒太
平田寛三（源太郎子）
平川太一

3、舊成羽藩

土田麟造
三村恭彌
田中與次郎
田邊章彦
佐藤啓太郎
三村三郎
村瀬粂太郎
信原謙藏
秋田亀太郎

4、舊足守藩

青木保
丸毛久之輔（粂通、長崎市住）
松浦久彦（前判事、岡崎市住）
下妻康文治（政德）

安富潤造

5、舊岡田藩

松本源平

三宅積三

岡谷林

6、刑部村（小阪部）

西谷巻太郎（舊姓、林）

西井藤枝

宮原岩太郎

田中英太郎

戸部善之助（廣運）

宮原廣太郎

小野富太郎

富部亀太郎

横山佐吉

西井八百治（小島義勝）

田中光太郎

原田多聞

西井牧太郎

宮原幾太郎

室谷米太郎

金田伊太郎

7、備中各町村

川面　岡本要吾、山本治平

西方　山田辰太郎（北海道住）

田井　東　大太郎（三省）

秦　河西恭吾、橋本芳太郎

有漢　綱島直太郎（畠山省三）、綱島一郎、綱島祐次郎（或格太郎）

田治部　山下準一郎、綱島近太郎、戸田正作
井ノ尾　清水遠藏、原嘉十郎、森谷與五平
吹屋　松田和、西江清一
布施　山下類二郎
菅生　池田彌左衛門、西谷節郎
千屋　太田義三郎（松田）、本多義一郎
水田　守谷誠三郎（或森谷清三郎）、阪本鼎三郎（或太郎）
熊谷　湯淺正一郎、福井如道（眞福寺）
上市　矢吹遂四郎（發三郎弟）、仝行太郎（重輝弟）、仝太平（行太郎弟堀淵藏）
美山　山室富二（日下京平兄）、三室省吾
倉敷　大森彦三郎
與井　池田□・□□
長尾　小野寧太郎、三宅謙藏、西南吉
山手　守安隼之助
玉島　釋皆成、田中年足
帶江　西山澄之丞（登）
木ノ子　窪　章造
井原　大津寄市太郎（花堂孫）、池田精一
宇治　仲田武一郎

正田　近藤伯太郎

8、舊岡山藩（多クハ長瀬塾ニ係ル。閑谷ハ別記ス）

片桐　競（周匝領主、男爵池田長準）　幸部　立太郎
小池貞彦（天城領主、男爵池田政和）　進藤愼一（小池從士）
▲竹內稱平（香川從士）　▲瀧本潤身
赤座弓弦　石黑操平
香川大學（吹上領主、伊木若狹養子、競弟）　秋田鶴雄
▲中條喜三郎（毅）　▲杉本　繁（坪田）
內藤　猛　佐藤四郎
山田繁太　山本軍藏

9、備前各町村

加茂　萩原太郎、石井宗三郎、行森桑太郎（或幸太郎）、河原敬一郎、畠山三郎（萩原太郎弟）、山中美之七
津崎（赤阪郡）大森　美範
久保（赤阪郡）大久保貞治
石井原（赤阪郡）津島十次郎、戸田逸平（？）（康哉）
原　間（仝　）橫山　義隣
牟佐木　高原益太郎

10、舊津山藩

渡邊　敦五郎（恂、興譲館轉學）　海老原　辰次郎（敦五郎弟）

河井碩夫（良顕）
河瀬大造
山本良太郎
▲蜷川粂三郎（璨）
戸田恭夫
牧野貞齋
二ツ橋朝次郎
松永産治
小川謙治
安原廣次郎

牧　虎之助（常倫）
西村邦次郎
尾上之松（勁、前判事、辯護士、播磨龍野町住）
山田　済
中島瀧治
本内堅次
岩崎佳太郎
大森雄三郎
國米正一郎
竹内總次郎

11、美作各町村

豐久田（勝田郡）日笠壽介、佐々木達四郎
眞庭　高田愼一郎
久世　杉山　深造
鶴田藩　玉置勝三郎、今村伴次郎、大沼力馬、原次郎（尙）、今村完三郎、河鰭《はた》駿策（興讓館轉學、前判事、廉）
久田（苫田郡）牧野馬之允
一方（久米郡）植木辰五郎（菅里）
押淵（久米郡）田口政太郎
月田　佐野篤太郎

河　面（勝北郡）光井慶三郎
通　谷（仝　　）高橋覺太郎
桑下（久米北條）水嶼　隣太
中北上（仝　　）久山茂一郎（茂樹）
美　甘　横山辨二郎（興讓館轉學、和一郎弟）、美船文三郎（横山和一郎弟）、横山靖一郎
勝　山　中西登志夫（三浦家儒家）、柴田辰治郎（京都住、楢林建之）、淺田靜夫
福　渡　田中九之丞
栗　原　岩崎佳太郎、高橋克四郎
坪　井　安藤初之丈
阿波（東北條郡）寺阪　幸逸
上福田　遠藤廷三郎
公　文　福山　武（佐世保、住）
眞　島（眞島郡）平岩麒太郎
新　庄（仝　　）木代　朝康
田　原（大庭郡）高田信一郎
關　　鈴木　直治
西河内（眞島郡）杉　　彌介
中原（東北條郡）原田圓次郎
知　和（仝　　）内田兼三郎

院庄（西西條郡）樫野茂四郎
不詳　矢吹虎一郎

12、播磨

三日月藩（佐用郡）　上領　健治
仝　寺本　權吉
仝（淡路國住）　宮　杏太郎
大村　服部喜之亟
上郡（赤穂郡）　西脇　春助
姫路藩　久松　梅藏
尾崎（赤穂郡）　岡田　定吉
福本藩　內藤　魁（或衆之）
仝　興讓館轉學　▲藤井　澹
福本藩　興讓館轉學　佐久間　齊

13、備後

東城　田邊文四郎
仝　宮崎或太郎
仝　興讓館轉學　三橋充一郎
庄原　伊藤　豊松

根宇野（神崎郡）　田邊　龜藏
三日月藩　鈴木登志夫
仝　田島源太郎
赤穂藩　成羽藩聘用辭職入門病死金剛寺埋葬　▲伴　基之助（謙溫）
仝　基之助弟　▲伴　貿次郎
姫路藩　伊丹城彦一郎
龍野藩　福島幾太郎
上假屋（赤穂郡）　吉田孝次郎
福本藩　興讓館轉學　神谷璉之進（茂雄）
仝　仝　五島　肇
東城　楢崎　豔染
仝　楢崎　哲彦
仝　深江恭太郎
不詳　麻生吉兵衛

福山　釋　舜巖

14、丹波

龍岡藩　太田　孝藏(或孝三)

仝　池田草菴塾轉學　▲矢島芳太郎

仝　仝上　▲日比　大藏(元淑)

仝　矢島綱四郎

園部藩　村岡　崇

15、但馬

出石藩　谷野　孝

16、因幡

鳥取藩　小川　俊男

仝　久林　正靜

仝　太田　耕齊

仝　眞宗寺　赤穴　乘公

仝　荒尾　光就

仝　林　一麿

17、伯耆

倉吉(東伯郡)　▲林　昇造

仝　長谷川　久

龜岡藩　並川千太郎(或千藏)

仝　足立　幸藏

仝　池田塾轉學　塀和久米三郎

亀岡藩　山田　吉雄

園部藩　佐久間豊三郎

豊岡藩　高田　剛馬(忠之進、又城之進)

鳥取藩鳥取市住、前判事　小林駒太郎(茂)

仝　門脇　端造

仝　足立　庬

仝　平田　守身

湯本　木下佐太郎

山根　東伯郡願正寺　衣笠　得乘

大仙寺　田子　台辨

米子　富山　健藏
仝　田代　元孝
仝　松本　靜夫
車尾（西伯郡）　上瀧　通
弓原　山瀬　虎次（奧野）
米子　鹿野縂太郎
仝　福島　淳
仝　山內竹四郎
鳥取藩　足羽學弟　▲木下　直身（貞吉）
新庄　生田　良齊

18、出雲

廣瀬　藩儒家　山村　勉齋
廣瀬　近江國鳥居本村専宗寺住、西本願寺勉學　佐伯暦之助（松浦僧梁）
仝　並河《なびか》□□□
仝　安藤　守正
仝　田中增之助
鵜鷺
大庭　吉野　雲平

鳥取藩　東伯郡三朝村住、陸軍少將　津川源三郎（謙光）
淺津　東伯郡香寶寺　上杉　乘誓
倉吉　善正寺、近江蓮長寺　妙泉　淨信（小川）
馬場（西伯郡）　村上　豊吉
熊堂　仝　最上吉太郎
長瀬　東伯郡勝福寺前代議士　若原　觀瑞
渡　西伯郡、前代議士　渡邊　芳藏
溝口（西伯郡）　野阪金次郎
境　面谷俊九郎
廣瀬　神谷　裕典
仝　淺川　忠
仝　蓮敬寺、最終監講明治九年末在塾　▲佐々木圓信（又釋臣）
仝　今泉　美發
仝　西念寺　山本　僧冠
不詳　眞言宗　釋了　圓

東林木 楯縫郡　藤澤　清

19、伊　勢

龜山藩　伴　九皐

仝　佐野松太郎

20、豊　後

杵築藩　伊藤　庫二

仝　河野　通

仝　刑部病死　渡邊　荒吉

臼杵藩　國枝　毅

森　明治九年豊後ニ鎮西義塾ヲ十一年京都ニ叡麓社ヲ開ク　▲村上　作夫

仝　佐久間豐三郎

仝　秋山　發平

不詳　村上作夫ニ學ブ　江藤　孝本

21、筑　前

秋　月　柳川住、前判事現辯護士　吉田　波雄

仝　丸尾兼通兄　菊地　武彦

22、豊　前

豐　浦　久保村　二木重三郎

靜　間　金剛寺　寶　澄傳

龜山藩　宮內　默藏

仝　山本　三省

杵築藩　▲河野　萬彌

仝　松浦三太郎（或三平）

仝　伊東瀧三郎

仝　河內　催藏

森　藩　林　照德

仝　林　晋太郎

仝　島　大次郎

秋　月　磯　平八

23、京都
烏丸西入　加名生邦二郎　村上誠一郎
24、尾張
名古屋　永田顯
25、常陸
水戸藩　市之淮助　原百之　水戸藩　▲稲津誠三郎（安藤定）
仝　遠藤秀之進（毅）　仝　富田七郎三郎
仝　佐原四郎　仝　小山田醒吉
26、越前
新堀　大野郡　小野三郎
27、武藏
金澤　結城顯彦

以上三百十五人「無量壽堂書生名簿」六十三人ヲ合セ三百七十八人ヲ得猶半数以上ヲ逸スルニ似タリ。塾中席次ハ監講ヲ上位トシ以下入門ノ順序ニ因リ、冠者（十七歳以上）准冠者（十六歳）童子（十五歳以下）ノ三階級ニ區分セラル、足羽學、進乾吉兩人ハ特ニ塾長ノ待遇ヲ受ク。明治三四年ノ交ニ於ケル監講ハ谷直吉、室又四郎、渡邊義太郎、木下貞吉、遠藤毅、蜷川臻、神谷璉之進、河鰭駿策等ニシテ、講義書ハ詩經、論語、古本大學、傳習錄等アリシト
（此項河鰭駿策氏報道）

◇閑谷黌

備前和氣郡、明治五年中川、岡本數子先生ノ旨ヲ承ケ再興ヲ圖ル、池田慶政公亦之ヲ賛シ二千金ヲ補助ス、六年二月

先生始テ往テ講莚ヲ開ク、爾後春秋兩度往テ學ヲ督ス、刑部歸塾ノ時ハ黌生亦多ク隨行ス。本項姓名錄最不備ニ屬ス

岡山藩　中川横太郎
仝　▲谷川　達海
仝　中山　寛
仝　島村久蜴　平井源太郎（重厚）
仝　武内　孝
仝　高畠　勝貞
天瀬　須賀　廣有
高陽　赤磐郡教王院　本並　觀譽
可眞下　仝　郡　太田　深造
飯村　邑久郡　額田　德太
佐山　仝　郡　山口幾太郎
井原　津高郡　土井　孝一（北澤）
岡山　厚木　善信

岡山藩　▲岡本　巍
仝　▲島村　久
仝　遠藤鐵太郎
仝　秋田　鶴雄
仝　川井松太郎（或河合）
仝　松田　盛久
仝　平川　冬至
閑谷　千原秀三郎
摩宇那村　和氣郡　立花善次郎
小津　邑久郡　出射嘉源太
玉津　仝　神阪　眞二（秋山）
門田屋敷　上道郡　進藤　貞範

◇知本館

美作勝田郡、本館ハ明治六年二月美作門人福田久平鄕塾ヲ其鄕大戸ニ設ケ方谷先生ノ教督ヲ請ヒシニ始ル、先生閑谷ノ歸途每ニ茲ニ宿シ經ヲ講ズ七年ニハ平素ノ教督ヲ服部陽輔ニ託ス、八年後ハ莊田賤夫之ヲ代ル。

南和氣　勝田郡　福田　久平
落合　眞庭郡　井手　毛三（前出）

勝加茂　勝田郡　高山寮一郎
廣野　仝　光井敬三郎

巨勢　英田郡　山田　俊平
勝加茂　勝田郡　仲矢資九郎
大崎　仝　武藤督太郎
吉岡　久米郡　直原始田郎
福渡　仝　菅　元太郎
福岡　田口　俊
福本　英田郡　田中啓太郎
福渡　森　隆夫
香々美　苫田郡　中島　源治
北和氣　仝　矢吹　正輿
福岡　久米郡　田口政太郎（前出）
巨勢　英田郡　和田　房衛
香美　志茂久四郎
仝　鳥取粂一郎
廣野　勝田郡　光井　濼
南和氣　福田保太郎
北和氣　川上嘉太郎
勝田　勝田郡　三宅　嘉作
勝田　有元　祐平

河過　仝　渡邊　貞濟
吉岡　直原壽一郎
勝加茂　高山　環
香美　久米郡　濱野　鎮平
吉岡　横部　信義
龍川　久米郡　片山　俊夫
吉岡　直原　寂謙
吉岡　直原　光海
福岡　月下　覺
北和氣　勝田郡　矢吹　正誠
大井　久米郡　今村藤四郎
仝　直原十万一
仝　石戸　保治
二川　苫田郡　美甘　大一
河會　英田郡　小林定次郎
廣戸　赤磐郡　杉本　序作
濱田　島根縣　永井　正義
大崎　武藤敬太郎
河邊　横林　治郎

大井東　久米郡　久山　覺治
津山　竹內總四郎
大井西　久米郡　福山武四郎
飯岡　勝田郡　妹尾熊太郎
香美　濱野　理助
津山　兒島宗次郎
河邊　勝田郡　石川虎五郎
吉岡　直原知太郎
仝　横部駒太郎
吉野　仝　桑村久四郎
龍川　仝　飯塚金一郎
倭文村　仝　爲定　夫
勝田　仝　安東七之助
仝　大爺新太郎
古吉野　仝　小童谷榮助
粟廣　英田郡　豊福喜代夫
豊國　勝田郡　古田楢四郎
林野　英田郡　近藤廉之助
廣野　勝田郡　甲田　文平

木ノ山　眞庭郡　松田光太郎
福岡村　近藤市太郎
倭文村　久米郡　甲本鷹太郎
仝　仝　堤坮　鉄藏
西加茂　苫田郡　大澤　今造
弓削　久米郡　神坂又太郎
南和氣　中村　作藏
仝　村上信太郎
吉野　三輪神太郎
仝　川上善三郎
勝加茂　流郷兵四郎
勝田　安藤市次郎
津山　三好虎五郎
仝　小野　三郎
吉岡　直原　守治
仝　直原清次郎
仝　直原雅太郎
仝　直原　久平
日笠　和氣郡　櫻井曾我一

津山　矢吹　正卿
高梁　備中　尾平　惟富
仝　櫻井　敬藏
仝　木村　信行
仝　穗坂龍太郎
吉岡　直原辨治郎
北和氣　川上安太郎
大井東　久米郡　久山　茂一
川東　眞庭郡　高田信一郎
津山　高橋　和夫
仝　福井晋太郎
高梁　佐木龍次郎
仝　高田　銀司
仝　莊田要次郎
公文　勝田郡　赤堀　政史
南和氣　福田　重潤
津山　森本榮次郎
楢原　英田郡　角増　治郎
福本村　万代縫之助
楢原村　角　京平
河邊村　目瀬源治郎
勝加茂村　豐永　强哉
弓削　佐々木鎭平
南和氣　福田中三郎
吉村岡　上原虎之助
廣戸　勝田郡　竹内　治道
植月　酒本武四郎
飯岡　江見　雄濟
高野　苫田郡　岸本種次郎

以上知本館姓名錄一百九人、福田久平嗣子重潤送附ニ係ル、故ニ他ニ比シテ完備ス、尚本錄ハ明治十年頃マデノ分ニ係ル。

本館生矢吹正誠、明治七年鄕塾ヲ其鄕行信（北和氣）ニ設ケ溫知館ト曰フ、亦先生ノ來敎ヲ請フ、名簿手ニ入ラズ、今省略ス。（方谷先生門下姓名錄ニ據ル）

## 三島中洲

名は毅、字遠叔（君十六歳の其師山田方谷の選む所なり）小字は廣次郎後貞一郎と稱す、桐南と號し又中洲と更む、其先は新羅三郎義光に出づ、義光より數代の孫實親に至り備中鬼身城主上田近江守家資に養はれ上田氏を冒す、實に君の鼻祖なり實親の一子吉親農に歸し備前兒島郡黑石村三島行範の子を養ひ女を以て配す、是より三島氏を冒し世襲して改めず家世々里正たり、父は壽太郎緯は正晷、母は小野氏君は其二男にして天保元年十二月備中窪屋郡中島村に生る、君歳僅に八歳にして父君を失ひ母氏の手に薫育せらる。母小野賢良にして善く子弟を教導す、常に君を戒めて曰く汝父なきを以て人後に立つ勿れと、君幼にして紙鳶竹馬の戯を喜ばず常に繪事を嗜み寢食を忘る。又神佛を尊敬し朝夕香を焚き經を誦し藝術を以て名を天下に揚げんことを禱る。人皆異とせざるなし、年十一隣郷の儒丸川龍達に就き書經の句讀を受く初め父正晷氏山田方谷と共に丸川松蔭に學びしが正晷氏は父の老ひたるを以て歸りて家事を轄理し方谷は遂に江戸に遊學し業成りて松山藩士に擧げらる、父君常に已に業ならざるを憾めり、之を以て母氏日夕君を鞭撻して父の遺志を繼がしめんとす、天保十四年年十四松山に往き山田方谷の塾に入る方谷學德高く子弟を教導するに懇切を極む、君の學術は實に此に淵源せるなり、翌弘化元年歸省して玉島圓通寺に遊び一記文を作り之を方谷に示す、方谷一讀三嘆激賞して措かず既にして學大に進み塾長に擧げらる、當時川田剛同じく此塾に在りて君と交り善く終生渝らず君方谷の門に研讃すること十年嘉永五年二十三歳にして松山を去り伊勢津藩に遊び碩儒齋藤拙堂に師事す藩主藤堂氏尤も意を學政に用ひ藩に二酉文庫ありて漢唐の書は元より又多く清儒の書を購ひ藏書の富列藩に冠たりき。君便宜藏書を借覽することを許され殆ど之を涉獵讀破し大に識見を高め學堂奧に入る君後常に人に語りて曰はく余の學半ば津藩に成れりと。安政元年米艦神奈川に來り飛報旁午として人心洶々たり君之を憂へ江戸に赴き邊事を探り竊に米使の應接を觀探邊日錄を表す。世人傳へ寫して頗る當時に行はれたり、安政三年津藩を辭して郷に歸る君津に在ること凡五年日夕諸書を涉獵し讀むに隨て筆にし著す所十五種あり。皆文辭雄麗才氣筆端に躍るものあり安政四年友の勸告に從ひ松山藩に出仕し學資として三口糧を受く、此年江戸に出で安積良齋安井息軒塩谷宕陰藤森弘菴の諸儒を歴訪し益を請ふ明年四月昌平黌に入りて業を佐藤一齊安積良齊等の諸儒に受く安政六年三月昌平黌を辭して郷に歸る、召に應じ松山に赴き新に祿五十石を賜ひ大小姓に班し藩學有終館會頭に任ぜらる、萬延元年再び江戸に遊び昌平黌に寓し選ばれて詩文掛となる。翌文久元年松山に歸り有終館學頭に晉めらる君亦私塾を開きて諸生に敎授す、文久三年軍艦掛を兼ぬ時方に國家頗る多端、內には國論沸騰し外には列國修交を求むる甚急なり、藩侯閣老に班し幕政に參す、將軍猶幼少にして輔翼の職に在るもの其任甚重大なり、侯君等を召して常に事を問ふ君至誠を以て獻替する處甚だ多し爾來慶應末に至る四年間國事最も艱難の秋なり、此間君或は周旋方となり奔走周旋に虛日なく又特命に依りて吟味役に任じ、藩の財政に與り又學頭及隣好掛を兼ね諸藩に使して修交に努め、征長の軍起るや小荷駄奉行兼陣所奉行を以て軍に從ひ或は侯の身を誤るを慮りて辭職を勸告するなど、身命を忘れて國事に盡瘁す。然れども時非にして勢の趨く所如何ともするなし、遂に明治元年鳥羽伏見の變亂となり爲めに松山藩罪を天聽に得社稷將に危からんとす、明治元年正月岡山藩勅を奉じて松山に來り罪を問ふ、君山田方谷等と共に侯の誠意の在る處を訴へ、社稷を全からしめんとして百方陳情する處あり、二年に至り朝廷之を許し勝弼を以て嗣となし家を襲がしめらる。封を削られ高梁藩と改む、此に於て永く祭祀を絕たざるに至る、翌三年致仕して專ら育英に從事せしが、四方より來り學ぶもの頗る多く塾舍常に滿つ、五年朝廷に召され九月司法省七等出仕を拜し、翌六年司法權少判事に任じ、同七年新治裁判所長に補せられ正七位に叙す、八年累進して六等判事となり從六位に陞り、民刑事課を兼掌し、訴訟規則を草す、九年二月大審院民事課に轉す十年官を辭し、二松學舍を創設し講學を事とす、十一年東京師範學校講師となり、十二年囑託によりて東京大學に漢學を講ず、十四年八月東京大學敎授に任じ正六位に陞る、十八年八月東京師範學校敎授を囑托せらる、此年東京學士學院より選ばれて其會員に列す、二十一年二月檢事に任じ尋で判事に轉じ、大審院に在りて新民法修正の事に與る、之より先文部省の方針專ら洋學を主とするに至り、都下儒術を講ずるもの皆帷を撤するに至る、而して其巍然として獨り存するものは二松學舍あるのみ、君在官時と雖も每日早起書を講じ未だ曾て一日も課を廢したる事なし之を以て書生日に進み開塾の始めより及門の士三千人に及び、民法なるに及んで職を罷め、更に法律委員會より囑托せられて民法理由書の修正を掌る、二十五年國學院講師となり、二十八年十月帝國大學囑託講師となり、二十九年三月東宮御用掛を命ぜられ、更に同年六月東宮侍講に任じ勅任二等に叙せらる。此年正五位に陞り翌三十年勳四等瑞寶章を授けらる、三十二年一月　天皇　皇后　鳳凰殿に出御あらせられ講莚を開かる、君御前に於て漢書を進講す、爾來毎歳なり、是學者異數の榮譽なり、此年文部省より文學博士の學位を授る、後勳等位階累進し三十九年正四位に叙し、四十一年勳二等に叙し瑞寶章を賜ふ君著書頗る多く其數枚擧に遑あらず。皆世に行はる。

## 河井繼之助

河井繼之助は越後國長岡の藩士なり、諱は秋義、蒼龍窟と號す、文政十年正月元日を以て長岡の家に生る、父は代右衛門名は秋紀、母は長谷氏藩主牧野侯に仕へて譜代の臣たり、繼之助白色秀眉眼大にして光あり人を射る、而して規模遠大議論精確にして言語俊爽其の人と相接するや先づ他の心中を看破すと云ふ、常に宋の李忠定公の人となりを欽慕し好みて詩歌を朗吟す其の氣慨斯の如しと雖も平生よく儉を守る、酒を嗜むと雖も曾て度を越ゆるに至らずと云ふ、八歳にして始めて信州松代藩士佐久間象山の門に入る、後ち江戸に遊びて徳川氏の家臣古河謹一郎に從學す、是の時に當りて外夷四方に迫り鎖國攘夷の論方に天下に盛なり、而して繼之助既に開港の到底已むべからざる所以を悟れりと云ふ、尋で大槻盤溪及び齋藤拙堂の門に遊び經義文章を學びて業大に進む、後ち國に歸りて目付役に任ぜらる、而れ共其僚屬と議論協はず尋で職を辭す、安政三年家を續ぐ其の年肥前長崎に遊び交を蘭人に結び遂に九州地方を周遊して所在傑士を訪ふ、萬延元年偶々感ずる所あり出でゝ備中（辭書には伊豫とあれども備中の誤なり）に遊び松山藩士山田安五郎に親炙して政治學を修む、文久二年藩主牧野忠恭京都の所司代となるに及び書を上りて國事を論ず三年九月忠恭老中となり繼之助を擢でゝ公用人に任ず、是に於て其の名列藩の間に聞えざるなしと云ふ、慶應元年五月刈羽郡高尾山中等の諸村一揆を企て竹槍席旗を以て城下に薄らんとす、繼之助時に吟味掛を命ぜられ單身行て說諭を加へ解散せしむと云ふ、當時繼之助藩政改革を以て專ら舊弊を破り大に釐革する所あり、果斷の擧措往々人の意表に出づ而して三間市之進、花輪馨之進、渡邊進等と深く相結托して黨を樹て之に入るもの百餘名の多きに至る、是の年十月郡奉行となり二年十一月兼番頭格町奉行を命ぜらる、三年三月更に評定役寄合組入を兼ぬ、四月奉行役加判の列席を命ぜられ十月執政職即ち年寄役に任ぜらる。繼之助職に在りて勵精治をなし釐革する所ろ甚だ多し撿見法を設けて吏員の賄賂を防ぎ或ひは領分配、組村挪等の罪人を散髮となして徒刑に處し之に業を授けて悔悟の道を講じ或ひは苞苴私謁及び空米賣買等を禁じ或は冥婚葬祭に奢侈を禁じ、或は藝娼妓の徒を悉く原籍に復せしめ大に戸籍の編成法を改め又兵學所を建設して大に藩士を鼓舞作興し以て武を講ぜしむと云ふ、是時に方りて藩主牧野忠訓江戸の藩邸に在り偶々幕府大政奉還に會し譜代の故を以て傍觀默止するに忍びずとなし大に建議する所あらんとす、乃ち十一月を以て海路大阪に航行す、繼之助椰野嘉兵衛三間市之進等と之に扈從す、藩主尋で上京し書を致して命を待つ、而して報ぜられず、更に徳川氏忠諫の事を伺問して其の許可を蒙むり再び大阪に下る時に大阪城中物情恟然として諸門戒嚴す、既にして徳川慶喜會桑諸藩の兵を以て先鋒となし上洛せんとし命じて糧食を戒めしむ、藩主之を辭し尚ほ大阪に止りて機を得て大に意見を開陳するあらんとす、偶々伏見の變起りて其機得て望むべからずと遂に兵馬倥偬の間に彷徨し尋で江戸に歸る。繼之助常に藩主に扈從し大に力を盡したりと云ふ、之より藩議領内の境域を守りて封土の人民を安するに決し江戸を去りて長岡に歸る。是の時に方りて朝廷既に徳川氏征討の命を布き北陸道の先鋒四條高倉二卿兵を率ゐて近く高田に迫り兵を長岡藩に召し以て軍に從はしむ、藩議未だ決せず廣く意見求む、繼之助曰く、斷然之を辭せん抑々我藩の徳川氏に於けるや水火も避くべからざるの事情にあり且つ一朝の齟齬よりして徳川氏を征するに於ては傍觀するに忍びざるものありと乃ち書を裁して重臣山本帶刀小島徳二郎の二人に托し將に總督府に上るあらんとす、時に既に北陸大に亂れ徳川氏の脱兵及び會桑諸藩の兵士所在に於て官軍と交戰し四方の道路閉塞せり因りて終に其の書を達するを得ざりしと云ふ。蓋し繼之助の意たるや固より封土を守り人民を安んじて以て天職を全すると云ふにあるを以て領内一の關門を設けず又一兵を置かず專ら人民の動搖せざることを務めたり、然るに會桑諸藩は頻りに兵を出して官軍に抗し來りて長岡藩の之に應ぜんことを請ひて止まず、而して長岡藩應ぜず將に爭端を開くに至らんとす、繼之助名分のある所を說きて之を拒絕し會桑二藩に應ぜざるは勿論官軍にも抗せず又徳川氏に對して敢て敵せず只管哀情を官軍に吐露せんとすと雖銃砲の聲遠近に轟き吶喊の聲所在に響き人心恟々として安んぜず、是に於て藩主繼之助を大総督に任じ闔藩兵馬の大權を委す、繼之助即ち兵を各所に出だして人民を安撫し各々其の業に就かしむ既にして官軍會藩の管下小千谷町に進み総督府附の參謀衆亦た茲に着すことを聞き直に人を遣して繼之助歎願の爲め參謀官に拜謁せんことを請ひその允許を得るや直ちに之れに赴き巨細哀情を陳して獨立の許容を歎願す、然れども遂に省せられず又た出張の各藩に依りて採用せられんことを請ふ又た用ひられず、時に方に會藩の士大に官軍に抗して爭戰天地を動かすに至る、繼之助乃ち間道を迂回し辛して長岡に歸る、時に官軍破竹の勢を以て來りて我が長岡を來征せんとし城南三里餘古志郡妙見村字榎木峠に至る、是に於て闔藩の壯士慷慨激昂措く能はず、皆曰く先きに主君上京して屢々言を奏して報ぜられず天下の大勢を論じ併せて將來の進退を說くも未だ可否の決を蒙らず陣所に就きて歎願するも省せられず之を各藩に依賴して其の功を得ず而して今や無罪なる我藩を攻擊せんとし無罪なる我民を侵掠せんとす、王師豈に斯の如きものならんや官軍豈に彼が如きものあらんや恐くは某々の藩士が官軍と呼び王師と稱して漫りに掠奪を逞うし呑噬を試みんとするに外ならざるべし果して然らば是王師に非ず官軍に非ず我が境を侵し我民を苦しむるの敵軍なり、抑々敵軍に抵抗して之を攻擊せずんば天下何ものか攻擊すべきものぞ、と非理却て正理に聞え暴擧却て義擧に見え恰も一犬虛を吠えて萬犬實を傳ふるが如くにして闔藩遂に止むを得ざるの場合に迫り大義を誤り方向を失ひて大擧して王師に抗戰するに至れり、是より兩軍力を極めて戰ひ長岡城遂に陷る繼之助乃ち自ら其居宅を燒きて古志郡椽堀村に退き茲に於て藩主忠訓に告別し更に本營を蒲原郡加茂町に定め三條町及び三林口より今町を攻擊し西馳東驅して小戰數十大戰數回を經て古志郡浦瀨村八丁沼より先驅潛行して長岡に進擊し漸く其の城を回復す、而して城外官軍と對抗し流丸の爲め左足向脛を洞せらる是に於て兵士稍々逡巡す繼之助乃ち大聲疾呼して曰く吾が傷極めて淺く療するに及ばず只々足なるを以て步行するに難し故に我を戶板に乘せて先驅せしめよ機失ふべからず抑々機は復た來らざるなり此の機に乘じて敵軍を尾擊し國境に至るを得ば中原の鹿或は爭ふべきなりと、然れども將傷くを以て兵勢頓に撓折すと云ふ繼之助後ち人の勸誘に依り二の丸門に退きて治療を加へ尋で古志郡四郎丸村昌福寺の假病院に入りて藩醫小山松齋等の治を受け再び城の陷るに及びて八十里越より會津只見村に轉じ德川家の大醫松本良順の治を受く、而して皆功を奏せず明治元年八月十六日若松領大沼郡鹽澤醫師山内元臺の家に於て歿す、時に年四十二なり。其屍を火葬して若松侯の菩提所建福寺に送りて埋葬す、法名を忠良院過義了居士と號す、二年十一月藩主其の藩毛利一馬の弟廣之丞に命じて姓名を森源三と稱し繼之助の遺族を扶助せしめ祿百石を給す、三年九月源三繼之助の骨を掘り改めて長岡榮凉寺に葬ると云ふ。（傳記）

◎河合繼之助ノ事（方谷先生逸話、丁卯ヨリ）

高梁ノ人谷貢敬嘗テ法官ヲ以テ長岡ニ在リ、屢々繼之助每朝一室ニ籠リ、口中グド／＼ト何事カ念ズルラシク暫クシテ室ヲ出ヅ。之ヲ問ヘバ山田方谷先生ニ對シテノ事ナリト云フ。何事ヲ念ゼシカ室中何物ヲカ揭ゲテノ事ナルヤ更ニ知ラズト。谷言フ。河合氏ノ方谷先生ノ許ヲ去ルヤ、陽明全集ヲ讓リ受ク。此書何處ニカ存スルナルベシ如何ト、未亡人曰ク、明治兵亂ノ時、文書類ヲ一行李ニ藏メ、之ヲ三島億次郎ニ托ス。或ハ其中ニアランカ、請フ、之ヲ億次郎ニ聽ケト。谷乃チ三島ヲ叩キ其由ヲ語ル。三島曰フ。當時、余亦兵亂ニ出入シ、家財ヲ某ニ托ス、或ハ其中ニ在ランカ、確カナラズ、調査スベシト、斯ク此話ハ其儘トナレリト。谷曰フ。三島ハ初メ河合ト議論ヲ異ニセリト聞ク、河井死後ハ遺族ノ事ヲ主ニ世話シタル由。谷曰フ。河合死後、一時姓ヲ森ト更メ、源藏ト云フ者跡目ヲ相續シ、此人北海道開拓使廳ニ奉職セリ其後ノ樣子ヲ聞カズト。

河合繼之助ノ講談ト方谷

鄕友、奥忠彥語ル。先夜銀行家集會ニ講談名流某ノ講談ヲ聽ク。河井繼之助ト題ス。河合師ヲ尋ネテ山田方谷先生ニ師事スル處ニ至リ、先生ノ人物ヲ褒メテ「方谷以前方谷ナシ、方谷以後方谷ナシ云々」ト云ヘル由、奥ハ同鄕ノ後進ナル爲メ大イニ面目ヲ施セリト語レリ、又其中ニ河合ハ齋藤拙堂ノ紹介ニテ方谷先生ノ許ニ至レル由アリタリト。此ハ事實ニ相違セリ。

主從俳句の事（富谷翁話）

慶應三年ならん、方谷先生板倉公に京阪の間を侍る一日公言ひ給ふ。安五近頃句は如何にと。方谷先生對ふ。ハイ一句ありま

すとて口ずさぶらく

濡るゝ氣で歩めば廣し露の途

公言ひ給ふ。予も一句ありと

明月や少しは雲のあるもよし

公と先生と皆時事に感じての句なる如し。

孟子浩然の話

明治三年五月頃か、阪田警軒氏門生數人を先生に托すべく同道して長瀬に先生を訪ふ、席定るや先生先づ氏に謂ふ、頃ろ其筋より子弟を敎育するに孟子の說は穩當ならず。爾後之を廢す可しと達しあり、されども浩然の章のみは存したしと思ふ、貴公は如何に思慮せらるゝやと。氏之に應じて謂ふ。先生の御說誠に御同意である。私よりも□儀に就きては內慮を伺はんと思へりと、先生ハゝーと笑はれて餘談に移れり。右は富谷黃十七歲にて席に侍り記憶のまゝ語り聞かせたり（昭和四年記）

小田權令矢野光儀《のり》（文雄ノ父）の話

明治六年、時の內務卿は大久保利通なり。各縣に令して人民總代を一人づつ連れて上京せしむ、時の小田矢野權令は林源十郎（後に孚一と名を改む。倉敷の巨商にて勤王の志あり。維新前志士往々此家に寄寓したる由、方谷先生は常に此人を訪て書物を購入せり）を同道して上京す、內務卿は會議の前、矢野權令に向ひ小田縣の總代は誰を伴ひしかと問はる。權令は林源十郎を伴ひたりと答ふ。卿は直に林を伴ひ奧の間に入り容易に出でず、暫くして出て矢野に問ふ。貴公は備中にて山田安五郎と云ふ人を訪問したかと。矢野曰ふ「未だ面會仕らず」と卿曰ふ「小田縣を治むるには山田翁に攻を問はずば治らずと。そこで矢野は會議後歸縣して直に小阪部に先生を訪問し萬般の事を尋ねたり。

此歲の冬、權令は先生を縣地笠岡に招待す。矢吹久次郎此間に周旋す。先生は笠岡の南一里富岡の寺迄途に出向す。縣令は度々茲に往來し主として物産會社の事を諮問す。先生爲に規則を草して授く。

右の後、矢野權令は此規則を携へ上京す。內務卿は此草案は誰が起草したるかと問ふ、權令は山田安五郎先生の起草なりと答ふ、卿は然るかと言ふて全文を讀了らず直に允可す。矢野は驚嘆して引取りたりと。

右の後、政府は株式取引所を創立したるが其規則の筋は多く方谷先生の主張を採用せり、因て時人は先生は朝廷に仕へざるも居ながらにして天下の政權に參與せられたりと嘆稱したる由。

右の後、物產會社の本店は笠岡に置き支店を備北上市に置き□商社と稱す、矢吹文次郎之に長となる（田中逸作氏此時商社の會計を務、む村上豊吉櫻井恭太郎（二十二三〇〇）田中の人に勤務す、逸作は新見藩の會計を長く務む、一萱の父なり）明治八年冬、岡山縣が置かれ、小田縣の內備後六郡は廣島縣に併せ、備中十一郡を岡山縣に併す、九年物產會社資金主大阪の島田組破產し併而會社廢社し此商社も併て閉店す。矢吹氏は之が爲に頗る辨償の累を蒙りたりと（富谷萱氏の話）

## 朱王の學說に就て

服部兵彌（後の[illegible]《ちかし》）は長瀬より刑部に先生に從學し、先生の終焉まで在塾す。明治十二年の冬、上市《かみいち》に哲多郡役所を置かる。此時矢吹久次郎（分家、南矢吹）矢吹專平（元矢吹）高木正美（後の阿哲郡長）等協議して方谷先生の志を繼ぐ可く繼志館を創設し、漢學を敎授す。服部兵彌を假に館長とす。四方來學者伯耆、美作、備後等より五六十人に及ぶ。翌三年兵彌上京、進祥山其後を承く、因て兵彌の送別會を館中に開く。其時、談、方谷先生と陽明學の事に及ぶ。兵彌曰ふ。先生刑部にて傳習錄の御講義ありたるが或る處まで說明して此以上は余別に說あり、他日示す所もあらんと申されたりと話し且つ曰ふ、此說が世に出ては方谷學と稱すべきものならんと曰ふ。此に就き兵彌氏が果して此の前說を聽きしや否や不明なり。此席には大塚香、田中萱も同席して（兵彌と共に上京する筈）此話を聽き、其後田中は三島中洲翁に此話をなせるに翁も其話は服部より聞きたりと申されたる由。（山田準氏所藏、方谷先生逸話丁卯）

## ⦿方谷先生隨筆（山田準氏藏）

井田難復、然三代之後、未無可復之時也、魏志司馬朗傳、朗以爲今承大亂之後、民人分散土業無主、皆爲公田、宜及此時復之以是觀之、後世大亂之後、創業之主能復之、則無復奪民田之患矣、然則不無其時、唯無其人噫。

魏劉曄、權詐之士、不足取焉、然先見之明、計時之智、亦不易及也、操之伐張魯、因獻伐蜀之策、昭烈之伐吳也、因進討權之策、皆出於人意之表。

文政庚寅孟夏念八之夜、夜色淸凉、風露滿庭、獨坐澄心、挑燈讀書、百慮俱銷、胸裡曠然於是神器淸明、實有與天地同化之氣象、忽思慮一塵事、疑惑萌起、心胸暗塞、前之氣象、須臾變滅矣、片時之際、一心之中、其相違如此、可不懼哉、記以爲後日之戒。

頃日讀禮、覈復喪葬之事、而心中藹然、生重親之意、則知先王以禮制人心、今讀其遺書、其效猶如此、而況施之於實事乎、可不尙哉。

家産薄微、常勞思念、一朝恍然悟其非、是學之寸進、知柔能制剛之理、而後可以處世、可以接事、可以治人、可以用兵。

不思思而無益之事、而後心始定。

丈夫形體百無戲、方寸靈明照八維、衆人私智自托小、終使聖賢費訓辭。

有德之君、一言之賞、人深感之、一事之罰、人大畏之、不德之君、千金之賞、人却慢之、五刑之罰、人徒怨之、故賞罰不足以服人、唯有德而後賞罰之、則可見服人之效而已。

仕無道之朝者、不可不讀後漢黨錮傳郭林宗傳、君臣同心、事無不成、其或不成、亦無後患君臣異心、事無成者、其幸成者、必不久而破、又有後害、故於君臣異心之時、區々欲成事者、竟何益矣、徒足以見其愚而已。

當不可爲之時而爲之、則近於愚、不爲則欠於忠、處之爲最難、唯夫有時有位、有材有力、計之並之、或爲或不爲、於義無遺憾矣、而後爲得之、此最學者大手段、吾言無失也、吾行無過也、吾誠足以動人、吾材足以濟事、而擯廢不用、則可謂國無道之時也、人多不顧吾身之實何如、終被擯廢則誹之、以爲國無道焉、大不敬、罪不可逃焉。

夫婦人倫之始、爲其道也難矣、其要有二、正別與厚恩而已、別正而恩不厚、則離矣、恩厚而別不正、則狎矣、離與狎、姦亂所由起也、姦亂一起、雖聖賢亦無如之何矣、故欲防之於始、則正別厚恩不可虧一也、保家之人不可不謹也（正別厚恩、白衆人而觀之、則若相反、而最難自君子而觀之、則相濟而成、不見其難、此亦不可不思也）

我朝中古、帷薄不修、王家之衰、職此之由、神祖創業、首重倫理、天下靡然、嚴肅成風、豈可不尙哉、今士大夫之家、治姦亂之法最嚴、而唯其防之於始之道、恐有未盡者矣、治之者、亦近於不教而誅之虐矣、是以其爲、或有類於忿恚者、防之於始之道無他、謹躬行而化風俗、廣敎學而明倫理、重婚姻而敦禮儀、勸女功而禁逸樂。

士大夫適室無子、則不可不置妾、世或非之、以爲淫者非矣、唯其禮不可最謹也、擇女德、辨姓氏、謀之於家族親戚而後置之、閨門之內、正妻妾之分、無失恩愛於適室、後或妻妾兩有子、則明適庶之位、無貽禍於後來、若夫不正之於始、不謹之於終、狥情溺愛、以亂家政、因是爲世所非者、乃其人之罪矣。

興利於中備內郡之地、而欲其事速行而民不苦、則莫如使民戶蓄牝牛及牛犢也、今若以六七百金買千頭、而民一伍與一頭、令畜之、貧民無牛者、則貸之以助其耕、春夏之交閱之、粥其長息者、四分其息、與民一分、官取三分、行之十稔、其所息必不下壹萬金矣、然則民亦年獲其利而不苦也、且下民之性好畜牛、其喜從之也必矣、然不主之得其人、不行之得其誼、則徒爲姦者所利、而民又大苦之、嗚呼長國家而務財用、則如此之陋亦將無所不至焉、孰謂生民之主、而學猗頓氏乎、治民莫善於伍、今之伍有名而無實、因其名而正其實豈難乎、然當上無德化、政令煩苛之時欲正之、亦是取民怨之一端也。

學宮之禮、唯當以長幼爲列、或謂不以學問淺深、則無勸懲之義、殊不知、學則所以明倫理、學深則倫理愈明、今以學之深、亂長幼之序、豈有此理哉、若有矜吾之學、以凌長上者、聖敎之罪人、速斥之而可矣、幼弱之徒、最當嚴其禮、僅忽之、則驕慢之習立成、若夫勸勤懲惰之方、須有別法、豈關乎此哉。

孫林父之問、蘧伯玉、不荅而出、崔杼之亂、晏平仲哭踊而出、是等之處、士君子處身之大義、讀史者最當察其事明其理也。

爲官三世一無愆、家有至公淸白傳、人間多少難易事、何關方寸不懸天、此最好詩。

傳佛法於華夏者、莫盛於佛圖澄、鳩摩羅什氏、猶吾思孟程朱也、而其所主事之人、石勒、季龍、呂光、姚興輩、皆叛逆兇暴之徒、而未聞一言以諫其不仁、常以其術助成暴逆彼所謂慈悲濟渡者果何在、可怪也哉。

論語一部、孔門講論、無事不在、而說修辭之法者、唯一句、曰辭達而已矣、孔門之學、於是可觀焉、後世文章家一警策。

忠臣去職、必欲後人協職、姦臣去職、必欲後人不協職、忠姦之心、於是最可觀也、舊令尹之政、必以告新令尹、不啻徒告之、丁寧告喩、唯恐其不能協職也、宜乎聖人許之以忠也、中行之士、固能同乎俗、鄕原之徒、亦能同乎俗、中行之士固合乎世、鄕原之徒亦能合乎世、其行事極能相似、而心術之非、不啻黑白、故聖人深惡其亂德也、若夫狂狷之士、非聖人好之、然觀夫同俗合世之人、則天下滔々無非鄕原之徒者、於是乎不得已而有取乎狂狷焉、乃知中行之士、實古今不易得者也、而今之人、動好說同乎俗合乎世、孰知不其爲鄕原哉嗟呼士志于道、中行之美固無論而已、假令爲狂狷孤獨之人、其勿從今人之說、以愛聖人之惡也。

伯夷之聖、終乎首陽之餓、顏子之賢、死乎陋巷之貧、乃知雖能到于聖賢地位、而有時乎不免於饑寒也、故士欲聖賢之書、學聖賢之事者、須先深考于此、以慮其終、而後可就學也、苟有懼饑寒、患貧賤之心、則速擲其書、絕其事、師諂諛、學勢利、以免其所懼患而可也、謹勿學其所懼患、遂爲觸藩之羝、貽悔於後日焉。

余曾歷觀倭漢古今書紀也、茫々宇宙幾億萬人、英俊雄傑世々雲起、窮智力奮勇武、各欲成其所志、然其成者、寥々乎如晨星、或遺時之不可、或誤陷禍害、抱志淪沒者蓋十之七八矣、哀哉、而況今若球者、以斗筲之器、從齷齪事、百歲之齡、既空四半、一生之業、竟何所成、與禽蟲俱生、與草木同朽、千歲之後誰知有田琳卿哉、中夜而思之、慨然而悲潸然泣下矣、然唯恃于懷者乃方寸靈物、受之於天地、齊之於聖賢、與身無盡、無時不明、人之所以參天地、我之所以至聖賢、亦唯是物、夙夜奮勵、保之無墜、則庶乎其少異於禽蟲草木歟、若夫不用心於此、徒任智力之末、馳權變之途、僥倖幸於萬一、無復顧戒夫英俊雄傑功業難成者、豈非愚之甚耶、於是乎我心始定、悲亦止矣、嗚呼世之人、不自量其材德、徒溺心於功名、希望其成者、於是亦可以少醒警也、唯未知世之英雄以爲何如耳。

士之心、乃志字也、夫心有所向而定、謂之志、故爲士者、一立其心、堅確剛烈、貧富榮辱死生憂樂、無一移易其所向、而後足以爲士矣、若夫泛然無所守、左右進退、唯利是視者商賈奴隸之心也、士而志之不立、是則士其貌、而商賈其心、豈非可恥之甚耶、古人作字之妙亦可以觀也。

賴祖先之靈、穀於官廩、居四民之上奴隸農賈、不耕而食、不織而衣、人之受生於士、何其幸也、槍刈耨鎛、霑体塗足、不耕無食、不織無衣、終歳辛苦、公其六而私其四、出則蒲伏縣庭、入則屛息郊野、人之受生於下民、亦何其不幸也、同是人也、同是天地之子也、而幸不幸如此其異也、天也至公、豈仁于士、而不仁于下民哉、吾之爲士、豈有德於天耶、彼之爲下民、豈得罪於天耶、若不然、則我何故而生受斯幸也、彼何故而生受斯不幸也、思之、能明其本、以有得於心、則可謂知天也、可謂知命也、思知人、不可以不知天、不知命、無以爲君子矣、可不思乎哉。

晋武帝時、任愷賈充爭權、朝士分黨、帝知之、召充愷賜宴、而謂充等曰、朝庭宜一、大臣當和、充愷各拜謝而罷、既而充愷等以帝已知之而不責、結怨愈深、外相崇重、内甚不平、後愷竟爲充所陷、武帝之爲、似善而無其益、人君和解臣下之搆者宜鑒也

晋劉毅疏奏罷中正一條、採人材之道具備矣（晋書四十五列傳第十五）

余讀晋書、獨歎息焉、武帝宇量弘厚、容納讜正、是以群賢諫疏、千百累出、而雖其言可觀、而要之大率不急無用之言耳、當是時、天下大事急務、易太子、斥賈后、誅楊駿、及正華胡之分兩三事而已、然言之能及乎此者其與幾、其一二及乎此者、亦無激切至誠以死爭之足以動帝心者、夫千百諫疏、其知不及乎此耶、抑知而不能言耶、嗟呼後世人臣論事諫主者、其所向豈在多言哉能擇急務大事以言之、言則至誠激切、極其所盡而後已、吾恐縄々多言徒煩人主之聽而無補益於時、遂亦爲後人歎息之資也。

政事有大體、無大體之政、不足以言治矣、今試擧一事、邊境之民與隣境之民爭訟焉、吾之民苟有虚僞失理之事、則速禁之不令爭、深戒其曲而已、是則立信義之大體也、若夫信其僞容其曲、助之令爭、假令得勝之、其失大體也甚矣、他日吾之民相爭之時欲正其曲直、豈可不愧於心乎、於是乎訟者有恃於心、聽者有愧於心、威令由是有不行焉、以是一事推之、則俗吏不知政之大體徒循目前之利者、不足以共言治也明矣。

儒佛之同異、世之有論也久矣、余未知其道同異何如、惟竊怪、欲學佛者先絕骨肉之愛情、苟有愛著之情者、以爲不可入道、欲

學儒者、先深骨肉之愛情、苟無愛著之情者、以爲不可入道、夫死生輪廻有無動靜之論、其異動姑舍之於天倫骨肉日用家居之際其處心忽已、有背違不相容者、不知有何道以得齊之也、吾恐世之論儒佛合一者、徒從事言論虛理之際、而不體認之於心行實用之上也。

漢兵之誅王莽也、莽曰、天生德於我、漢兵其如我何、趙牙之謟事於會稽王道子也、牙曰、公在、牙何敢死、皆爲千歲笑資、嗟筱弄筆墨、侮采聖經以飾無用之言者、亦唯莽牙之徒而已、可不戒哉。

陶侃與杜弢戰、弢以桔槔打沒官軍船艦、軍中失色、侃子輿率輕舸出其上流以擊之、所向輙剋云々、不知桔槔之制何如」晉顧紀瞻對策、問有溫泉而無寒火、其故何也、對曰陰含容爲質、陽外施爲用、水之受溫含容之性也。

聖人之道、平實親切、皆是實地說着、絕無影響裡之言、性命道德、理氣陰陽、其言雖高、其理雖妙、亦唯要着眼於明白實的之處、而未能看實際地、有恍惚影響之見者、唯吾眼力未到耳、以未到之眼、自以爲得道、好爲恍惚之言、其害道也甚矣。

臨下聽訟之道、最要簡約。

庚寅仲冬初八日、余立于門外、村民納稅者、絡繹過前、於是乎慨然嘆曰、嗚呼民之勞也甚矣、盡終歲之力、守百畝之田、其所收獲其幾矣、速奉之於上、負擔匍匐、遠致于縣庭、雖一勺米、無不歷其艱者、今也國家疲弊、財用日窮、貸之於大賈富商、年出其息以萬數焉、奉彼民之膏血、以給之、上不得受其利、下不得免其勞、悉上下之精澤、肥無緣之商賈、豈先君建國、安民之意哉。

（右祖父君隨筆一卷、門人金田春如所藏、明治初年春如辭刑部也、有所請、祖父君探篋底、授手錄數十葉爲別、春如輯爲二卷珍藏、隨筆其一也、己亥夏余邂逅春如於東京、始得寓目、蓋成於文政庚寅、則祖父君二十六歲之時也、我家必不可無者也、乃命筆工寫一本、偶余西任、因攜焉上途、明年夏得閑校閱、書其由于後貽子孫云、

庚子六月熊城僑居　準識）

◆山田方谷學術系統

朱子學々統

**中井竹山**
- 丸川松陰—**山田方谷**
  - **木山楓溪**
  - 進鴻溪—進鳴門
  - 川田甕江
  - 三島中洲—鎌田平山
  - 三浦義端（佛巖）
  - 金田還所
  - 莊田霜溪
  - 林抑齋
  - 中原龍鱗
- 稲垣隆秀

**佐藤一齋**
- **山田方谷**
  - 三浦義端
  - 三島中洲
  - 川田甕江
- 昌谷精溪
  - 阪谷朗廬—坂田警軒—森田思軒
  - 昌谷千里
  - 齋藤楓古
- 鹽尻梅宇
- 加藤待菴

## 陽明學々統

**中江藤樹**
- 中江常省—岡田季誠
- 熊澤伯繼
  - 巨勢直幹
  - 大江俊元
- 泉忠愛
- 中川謙叔
- 中村叔貫
- 加世季弘
- 清水季格

三宅石菴
- 三宅春樓
- 中井甃庵
  - 中井竹山（程朱學）
    - 丸川松陰
      - 山田方谷
      - 川田甕江
    - 佐藤一齋
      - 佐久間象山
        - 吉田松陰
      - 山田方谷
        - 進鴻溪
        - 服部犀溪
        - 鎌田玄溪
        - 三島中洲
      - 服部芙蓉
- 富永仲基

## ●高梁藩（松山藩）領内私塾表

### 私塾

| 名稱 | 學科 | 所在地 | 開業 | 廢業 | 教師 | 生徒 | 隆盛年代 | 調査年代 | 身分 | 塾主 |
|---|---|---|---|---|---|---|---|---|---|---|
| 有餘館 | 漢學 | 玉島村 | 天保十三年 | 元治元年 | 男一 | 男六〇 | 文久二年 | 文久元年 | 士 | 鎌田宗平 |
| …… | 漢學、筆道 | 高梁柿本町 | 慶應二年 | 明治四年 | 仝 | 男五〇 | …… | 明治三年 | 士 | 仝 |
| 牛麓舍 | 仝 | 仝御崎町 | 天保十年 | 仝十年 | 仝 | 男二〇〇 | 明治三年 | 仝 | 士 | 山田安五郎 |
| …… | 仝 | 仝柿本町 | 慶應元年 | 仝四年 | 仝 | 男三二 | 仝四年 | 仝四年 | 士 | 莊田賤夫 |
| 不如學舍 | 仝 | 仝 | 明治元年 | 仝五年 | 仝 | 男五三、女一五 | 仝三年 | 仝三年 | 士 | 柳井眞澄 |
| 莫過詩屋 | 仝 | 仝間之町 | 安政三年 | 仝二年 | 仝 | 男五〇 | 仝二年 | 仝二年 | 士 | 奥田樂淡 |
| …… | 漢學算術筆道 | 仝新町 | 嘉永六年 | 仝四年 | 仝 | 男二八 | 仝元年 | 仝元年 | 士 | 原嘉平治 |
| …… | 漢學 | 仝中間町 | 仝五年 | 仝四年 | 仝 | 男三二 | 仝二年 | 仝二年 | 士 | 田淵藏六 |
| 虎口溪舍 | 仝 | 仝小高下 | 文久二年 | 仝五年 | 仝 | 男七〇 | 仝三年 | 仝四年 | 士 | 三島毅 |
| 靜修舍 | 仝 | 仝甲賀町 | 嘉永六年 | 文久元年 | 仝 | 男五〇 | …… | 安政元年 | 士 | 進祥山 |
| 靜觀自得舍 | 仝 | 仝間之町 | 明治元年 | 明治五年 | 仝 | 男四五 | 明治四年 | 明治四年 | 士 | 吉田寛治 |
| 愛日書屋 | 漢學、筆道 | 仝鉄炮町 | 慶應二年 | 仝 | 仝 | 男二八 | 仝三年 | 仝三年 | 士 | 金田駒太郎 |

## 送森田謙藏還鄉序（號節齋）

名山大川、足以壯我氣、明師良友、足以深我資、多見異聞、足以博我學、游之益於人如此、而非來往閭里俯仰堂庭者所能得、是游之所以不可已也、雖然不可以久也、壯我氣者欲壯於道也、深我資者欲深於道也、博我學者、欲博於道也、而道也者、不過於人生彝倫日用職分所當務耳、今夫違國離家、羈在遠方、有父兄不能事焉、有君長不能奉焉、爲士不事仕、爲農不事耕、則其益雖多、而於道將何所用哉、故游者期於得道耳、道斯得矣、可以速已也、今之好游者則不然、或淹一都、或滯一邑、好寓於市街里巷間、與俗子之居與鄙夫俱游、或挾一二腐爛書册、以講說於所在童蒙、甚則放浪於詩酒逸游之地、以誇其豪宕風流、而流連不及、糜費歲月、其久而漸倦、知悔而歸、則已頒白矣、人之好游如此、不止無所益而已、即廢彝倫、曠職分、空半生於道塗其失不亦大矣乎」大和森田君謙藏亦好游人也、先是十餘年余游于京、君先在焉、屢聞其名、未覩其面、而足跡常相交於街上也無幾君西游讚豫、余亦去往東都、居三年還鄉、君尙在西、後經數年而歸寓吾州南者又幾歲、居甚相近、而不能相見如初、今茲秋友人林生忽傳君一朝思歸、既已束裝、因勸余作文送之」夫余之在東、有知久於游之失、匆々治任而歸、自非公役不肯妄出門閭、而唯其過於速已、未有一所益、乃日用事務之間、茫乎無所得其力、是亦足愧矣、如若則已經十數年之久、其所得之多、不可測量、而尙淹留一方、或疑其過於久也、而今忽聞其轅之東、斯知其游期於得道、而非世之好游者之爲也、郡歸之日以其所得焉施於事務者何如也、余於君雖未有傾蓋之遇、而游蹤之相關如此、故因林生之請、書君之游所以有得而無失者贈之、幷告余無得之媿」君才敏氣豪、文章日進、余向因林生寄鄙稿、以乞其是正、是亦其得於游之餘者、非余所及也。（方谷遺稿上卷十五頁）

## 答尾臺氏書

尾君足下、古今之變、名實之違、世察之者鮮矣、今之儒學敎授與、古之敎官、名相似、而實大異、世人不察、往々責以古之道今足下之望僕、以敎育人材、供國家之用、乃亦不察之甚矣」古之敎者、王宮國都下至鄉黨州閭、莫不有學、而天子元子以及庶人子弟、莫有不學者、假之以歲月、優之以餼廩、及其成材也、上者公卿大夫、次者百官有司、各從其材而授其職、是其所謂敎育供用者、所以易易成功也」足下視今之敎者、有一於此邪、今也仕者不必學、學者不必仕、學之與仕、邈乎無關也、故敎者不過聚二三兒童、習之句讀、而亦朝來而夕去、陽尊陰嗤、其何以望其成功如古哉、今之敎者、猶唐州縣文學歟、志稱、唐州縣文學掌以五經授諸生、然無職事、衣冠耻之、雖然唐代取士必由科擧、故習其業者、不得不受敎於文學、當時名公鉅卿往往出於其間則其於世未必爲無用、而今之敎授又复出於其下矣、嗚呼唐文學已爲當世所耻、而僕今得其下者而居之、靦然不辭、若不知其耻其亦有故矣、僕性迂而質鈍、不能與物爭、即爭之必不能勝焉、而今天下競々爭奪爲俗、爲士爭位、爲農爭畔、爲工爭器、爲商爭貨、醫卜百家各爭其技、爲勝者爲智、不勝者爲愚、智者侵奪無已、愚者不能自存、則迂鈍不能爭如僕者、將何所容身焉、唯敎授一官、閑散無用、無復勢利之可望、人人厭棄、莫有爭者也、邦藩主仁明、憫僕無容身、又知其讀書識字足爲兒童師、是以不次擢擧、置之無爭之地、使全其性而終其身、惠澤周渥、欣舞受之、守分養拙、自以爲得其所、而足下以古敎官之所爲望之、豈非不察之甚邪、就官以來、世人嘵嘵以足下所言責僕者亦多矣、皆舍而不對、然通古今、明事理、如足下者、亦爲此言、則僕今日之實無復知者、而爲足下之望是懼、故始爲一言之」雖然僕亦非無人心者、略知無功而食之爲耻、故其於敎兒童之際、每諄諄於孝弟之義、庶幾有一二曉之者、免尸素之罪矣、唯足下察焉」

## 伯備線開通具申意見（明治六年のもの）

道路ノ開通ハ唯往還ノ易キヲ謀ルノミナラス風俗ヲ一ニシ貨物ヲ豐カニシ頑民ヲ開化ニ進メ貧地ヲ富饒ニ變スルノ業ニシテ其關係最大ナルノ事タリ我カ中備ニ於テ此業ヲ興サント欲スレハ南北ヲ通シ一條ノ大路ヲ開キ南ハ玉島ヨリ北ハ伯州米子マテヲ貫クニ如クハナシ然ルニ其筋ニ當リテ尤險阻ナルハ高梁ヨリ伯州ノ境ニ至ルヲ多難トスコレ皆我カ縣ノ管下ニ屬スルノ地ナレハ先ツコレヲ始トシテ切リ開キ成就ニ至ラハ其南方ハ自然ト開ケ北ハ伯境ヨリ米子マテハ鳥取管下ニテ自ラ捨置カスシテ大業忽ニ成ルニ至ルヘシ抑山陰山陽兩道ノ形勢ヲ觀ルニ大山脈ノ尾東ヨリ西ヘ百五十里ニ延曳シテ兩道ノ界ヲナス其里程南北ハ南海ノ港ヨリ北洋ノ港ニ至ルマテ僅ニ三十里然ルニ一坦路ノ通スルナク海路ニテハ下ノ關ヘ廻リ二百里ニ及フコヽヲ以テ往來スル者殊ニ少ナク風俗自ラ異ニシテ貨物多ク通セス宛カモ異境ノ想ヒヲナス然ルヲ貫通セシメテ一邦ノ如クナラシムルハ中間十餘里ノ險ヲ開クニアルノミ又中備ノ國內ヲ以テイヘハ阿賀哲多二郡極北ニアリテ高梁以北ノ險路遮リ隔テ是亦一國中ニテ風俗

異ニ貨物通シ難ク其弊害少ナカラス古ノ大路南北ニ通スル時ハ此患ヒハ自然ニ消ユルニ至ルノミ仰キ願クハ官ヨリモ多少ノ費用ヲ賜ハリ管内ノ萬民ヘ懇喩ヲ下サレ上下カヲ合セ大ハ山陰山陽十六州小ハ中備南北十餘郡ノ便利ヲナシ一圓ノ開化富饒ノ基ヲナスニ至ランヲ希ヒ望ムノミ。

（完）

■著者紹介

田中（旧姓名越） 完（たなか・ゆたか）

1900年生まれ。岡山縣師範学校本科第一部卒。「教育科」に関し師範学校中学校高等女学校教員試験検定に合格（文部省）。岡山縣阿哲郡（現・新見市）矢神尋常高等小学校訓導を振り出しに、岡山縣師範学校附属小学校訓導、同小学校に牧野侍従が第三・四学年複式讀方教授御高覧、賀陽宮殿下第六学年国史科實地授業御台覧。岡山縣後月郡（現井原市）芳井尋常高等小学校訓導兼校長、岡山縣社会教育主事補、兼任岡山縣視学等経て、上京中、1945年3月11日没

主な著書・論文
岡山縣師範学校田中完編著『岡山縣の歴史全』（東京文正社）昭和10年
『山田方谷の教育活動と其精神の研究』昭和15年

**復刻版**
**山田方谷の教育活動と其精神の研究**

2014年 8 月30日　初版第1刷発行
2014年11月10日　初版第2刷発行
2019年 7 月20日　初版第3刷発行

■著　　者――田中　完
■発 行 所――田中完著書復刻刊行会
■発 行 者――田中　準
〒700-0953　岡山市北区田原471
電話(086)294-4595
■発　　売――株式会社大学教育出版
〒700-0953　岡山市南区西市855-4
電話(086)244-1268㈹　FAX(086)246-0294
■印刷製本――P・P印刷㈱



ISBN978-4-86429-308-2